Melhores Poemas

CASTRO ALVES

Direção de Edla van Steen

Melhores Poemas

CASTRO ALVES

Seleção de
LÊDO IVO

São Paulo
2023

global
editora

© **Global Editora, 2023**

8ª Edição, Global Editora, São Paulo 2023

Jefferson L. Alves – diretor editorial
Gustavo Henrique Tuna – gerente editorial
Flávio Samuel – gerente de produção
Equipe Global Editora – produção editorial e gráfica
**Joa Souza/Shutterstock (Salvador, BA, estátua do poeta
Castro Alves)** – foto de capa

**Dados Internacionais de Catalogação na Publicação (CIP)
(Câmara Brasileira do Livro, SP, Brasil)**

Alves, Castro, 1847-1871
   Melhores poemas Castro Alves / Castro Alves ; seleção de
Lêdo Ivo. – 8. ed. – São Paulo : Global Editora, 2023.

   ISBN 978-65-5612-474-2

   1. Poesia brasileira I. Ivo, Lêdo. II. Título.

23-158291 CDD-B869.1

Índices para catálogo sistemático:
1. Poesia : Literatura brasileira   B869.1

Eliane de Freitas Leite - Bibliotecária - CRB 8/8415

Obra atualizada conforme o
NOVO ACORDO ORTOGRÁFICO DA LÍNGUA PORTUGUESA

global
editora

Global Editora e Distribuidora Ltda.
Rua Pirapitingui, 111 – Liberdade
CEP 01508-020 – São Paulo – SP
Tel.: (11) 3277-7999
e-mail: global@globaleditora.com.br

- grupoeditorialglobal.com.br
- @globaleditora
- /globaleditora
- @globaleditora
- /globaleditora
- /globaleditora
- blog.grupoeditorialglobal.com.br

Direitos reservados.
Colabore com a produção científica e cultural.
Proibida a reprodução total ou parcial desta
obra sem a autorização do editor.

Nº de Catálogo: **1408.POC**

Lêdo Ivo nasceu em Maceió, Alagoas, em 1924. Fez a sua primeira formação literária no Recife e, em 1943, mudou-se para o Rio de Janeiro. Embora tenha se formado pela Faculdade Nacional de Direito da Universidade do Brasil, preferiu seguir a carreira de jornalista iniciada na província.

Sua estreia foi em 1944, com *As imaginações,* livro de poemas a que se seguiram *Ode e elegia, Acontecimento do soneto, Ode ao crepúsculo, Cântico, Linguagem, Um brasileiro em Paris, Magias, Estação Central, Finisterra, O soldado raso, A noite misteriosa, Calabar, Mar oceano, Crepúsculo civil, Curral de peixe* e *O rumor da noite*.

Como poeta, Lêdo Ivo foi distinguido com o Prêmio Olavo Bilac, da Academia Brasileira de Letras, o Prêmio Luísa Cláudio de Souza, do Pen Club do Brasil, o Prêmio Jabuti, o Prêmio de Poesia da Fundação Cultural do Distrito Federal, o Prêmio Casimiro de Abreu e o Prêmio Cassiano Ricardo, do Clube de Poesia de São Paulo.

Lêdo Ivo praticou também a ficção e o ensaio.

Ao seu romance de estreia, *As alianças* (1947), foi conferido o Prêmio Graça Aranha, e *Ninho de cobras* conquistou o Prêmio Nacional Walmap. Os romances *O caminho sem aventura, O sobrinho do General* e *A morte do Brasil* e o livro de contos *Use a passagem subterrânea* completam a sua produção como ficcionista. Foi ainda autor de histórias infantojuvenis, como *O menino da noite* e *O canário azul*.

Entre os seus ensaios, figuram *Ladrão de flor, O universo poético de Raul Pompeia, Poesia observada, Teoria e celebração, A ética da aventura* e *A república da desilusão*. Ao seu livro de crônicas *A cidade e os dias* foi outorgado o Prêmio Carlos de Laet, da Academia Brasileira de Letras. Como memorialista, publicou *Confissões de um poeta*, que mereceu o Prêmio de Memória da Fundação Cultural do Distrito Federal, e *O aluno relapso.*

Seu romance *Ninho de cobras* foi publicado em inglês (*Snakes' nest*) pela editora New Directions, de Nova York, e pela editora Peter Owen, de

Londres. Uma edição dinamarquesa (*Slangeboet*) saiu pela editora Vindrose, de Copenhague. Uma antologia poética, *La imaginaria ventana abierta*, foi publicada no México – e a ela se seguiram *Oda al crepúsculo, Las islas inacabadas* e *Las pistas*. Em Lima, Peru, foi editada outra antologia, *Poemas*. Na Espanha, saiu *La moneda perdida* e, na Holanda, *Poetry* e uma antologia poética bilíngue. Na Venezuela foi publicado *Poemas* e, nos Estados Unidos, a antologia *Landsend*.

Em 1982, Lêdo Ivo foi distinguido com o Prêmio Mário de Andrade, conferido pela Academia Brasiliense de Letras ao conjunto de sua obra. Em 1986, recebeu o Prêmio Homenagem à Cultura, da Nestlé, pela sua obra poética. Foi eleito o Intelectual do Ano de 1990, recebendo o Troféu Juca Pato.

Pela Global Editora, tem publicados os livros *Melhores poemas Lêdo Ivo, Melhores contos Lêdo Ivo* e *Melhores crônicas Lêdo Ivo*.

Foi eleito membro da Academia Brasileira de Letras em 1986.

Faleceu em 23 de dezembro de 2012, aos 88 anos, na Espanha.

TRAVESSIA DE CASTRO ALVES

Com o seu frescor de orvalho e fulgor de diamante, a poesia de Castro Alves não sofre a injúria do tempo que danifica as glórias e enxota as notoriedades. Está sempre próxima ou presente, como a estátua de uma praça que atravessamos diariamente. Possui uma matinalidade que nos intriga. Muitas vezes, inclinamo-nos diante desse lirismo luminoso e epidérmico, buscando interrogar a receita de sua intemporalidade dentro da historicidade em que se engasta qualquer criação poética, e nos perguntamos por que ele logrou chegar até nós.

Onde está o seu segredo? Na sua eloquência comicial que se desata mesmo no momento murmurante em que, no desalinho de uma cama, celebra o seu amor por uma mulher? Na chuva de hipérboles e metáforas que troveja entre as nuvens e astros de sua noite condoreira juncada de clamores e indignações? Na sedução de sua vida breve de poeta romântico, que viveu a sua própria antecipação entre alegrias e amarguras, e na qual os dias devem ser avaliados numa contabilidade que os dobre ou multiplique?

Com o seu dengo de baiano, o poeta das *Espumas flutuantes* nos induz sempre à aceitação e à tolerância, como uma criança mimada cujas travessuras merecessem as indulgências dos adultos. Mas nossa generosidade é ilusória. Na verdade, Castro Alves não precisa dela. Não que a sua poesia seja perfeita – na realidade, a grande arte está além da perfeição, é um novo excesso acrescentado ao pecúlio dos tempos e ao acervo dos séculos. E os defeitos de Castro Alves são as negligências e limitações que só os poetas manifestamente geniais têm o direito e até o dever de ostentar. Demais, cabe não esquecer que esses defeitos e vícios estilísticos, tão reiteradamente proclamados pelos críticos e pedagogos sequiosos de disciplina e moderações (e que ignoram a lição de Goethe de que há certa perfeição que só se tem aos vinte anos), constituem, muitas vezes, o carimbo existencial do poeta, ou imposições e balizas da própria estética romântica, posteriormente condenadas pela férula parnasiana. Assim, há que mirar e avaliar Castro Alves como o sobrevivente de uma canônica que o tempo historicizou, de uma retórica que a mudança do gosto do público (e dos críticos) foi congelando inapelavelmente.

Também será aconselhável que o leitor dos poemas de Castro Alves não perca de vista que ele pertence à estirpe dos poetas cultos. Nesse espaço tumultuoso entre adolescência e juventude em que transcorreu a sua eclosão que ainda hoje reivindica espanto, a experiência pessoal, atravessada de amores tornados legendários, e de atitudes libertárias de abolicionista e republicano, encontra habitualmente, para se exprimir tão fervidamente, o caminho de um tirocínio poético de inconfundível qualificação. Seu grande mestre foi, sem dúvida, Victor Hugo, a quem o unia indisfarçável afinidade eletiva, quer de natureza lírica, quer de cunho político e tribunício. Castro Alves o assimilou largamente, pescando no imenso oceano hugoano um número considerável de visões, temas e imagens. Imitou-o e o parafraseou com a mais clangorosa desenvoltura, e chegou mesmo a festejá-lo num poema em que as virtudes da paráfrase e da antítese são magistralmente expostas. E assim como Rimbaud, outro jovem saqueador das riquezas de marajá poético de Victor Hugo, escreveu um poema sobre o mar ("Le Bateau Ivre") antes de tê-lo visto, o visionário Castro Alves celebrou a Cachoeira de Paulo Afonso sem precisar ir lá; e a sua visão é mais convincente e realista do que a dos visitantes comprovados.

A familiaridade de Castro Alves com outros grandes bardos românticos, como Byron, Lamartine, Musset, Heine, Espronceda e tantos mais – e ainda com o Shakespeare traduzido para o francês que se tornou uma verdadeira obsessão romântica –, é manifesta, e a muitos deles traduziu, parodiou, imitou e saqueou, transfundindo nessas paródias, imitações e saques o vigor de uma língua nova e abrasada de fervor. A doutrina da imitação poética, que as exigências da singularidade criadora escamoteiam desde que o Romantismo fez plantar no chão da arte a flórida árvore da originalidade, ilumina a prática estética de Castro Alves. Assim, um dos poetas mais originais da nossa língua, e um dos mais ciosos dos arroubos do seu eu inflamado, será, também, um dos mais afeiçoados à imitação e à paráfrase, sem que esta operação de assimilações, com tanta perícia e felicidade executada por sua mão-boba, o desqualifique ou desmereça.

Graças decerto ao preparo estético-cultural decorrente do convívio com grandes e até imperecíveis modelos, Castro Alves se projeta, dentro do seu turbilhão e fervor, como um dos poetas mais rigorosos da língua portuguesa. A legibilidade de seus poemas, que atravessa toda a poesia brasileira como um persistente raio de sol, se deve a esse rigor. Seu laboratório de magia poética reúne, alia e transfunde todos os materiais indispensáveis à sólida construção lírica. A hipérbole vertiginosa, a metáfora bizarra, a antítese de ostensivo lavor hugoano, a imagem fúlgida, a palavra grávida de sua própria formosura e musicalidade, sustentam a intensidade do verso simultaneamente tenso e largado como é o verso romântico – esse verso invejável que, exprimindo a Independência nacional, foi, em sua doçura incomparável e em sua oratória flamejante, o verbo de nossa libertação linguística e política. Assim, nada mais natural que esse verso de praça pública reclamasse a glória e o calor do recital.

Em Castro Alves, esse verso político – a nossa primeira voz de povo cioso de propalar e conquistar a sua independência – engrossa e até se encachoeira nos fluxos e desordens de uma catadupa que, misteriosamente ordenada pela vigilância do artifício poético, organiza o poema. O que, noutros poetas, sem o seu talento genuíno ou habilidade métrica e rimática, seria caos, nele é *ordre et beauté/ luxe, calme et volupté*. E não será sem razão que a sua obra pende sempre para as antologizações e as homenagens da memória recompensada. Como poucos poetas em língua portuguesa, o cantor de *Os Escravos* teve a noção do poema como um artefato produzido pela magia verbal: uma criação de palavras organizadas em torno de uma emoção, uma ideia, um sentimento. Aliás, essa convicção estética do produto acabado respira em todo o Romantismo ocidental e é o germe do Parnasianismo. O condor Castro Alves era também um ourives, capaz de fincar sobranceiramente o seu emblema de embalo e encantamento em versos como:

> *Vem! formosa mulher – camélia pálida,*
> *Que banharam de pranto as alvoradas.*

por todos os títulos dignos de um Leopardi ou um Mallarmé, um Keats ou um Victor Hugo.

A teoria de que o Romantismo se exaure na explosão e no esbanjamento é, pois, uma invenção de críticos suburbanos e de professores repetitivos. A visão do poeta romântico descabelado pertence ao almanaque dos mitos burgueses. Poucas estirpes de poetas, no mundo, souberam pentear-se tão bem, apesar de suas infelicidades particulares e da exuberância de suas confissões verdadeiras ou mentirosas, como eles. Além do mais, as numerosas vertentes do movimento, que ocupou todo um século como uma visão existencial do mundo, excluem, em suas expressões nacionais e pessoais, a referência exclusiva e repelem a cunhagem da efígie única dotada do poder de exprimir todas as tendências. Mesmo entre nós, será sempre possível identificar os vários tipos de Romantismo: o romantismo soturno, noturno e até fantasmal de Álvares de Azevedo, iluminado pelas luzes da noite e pelo claro-escuro dos sonhos; o romantismo matinal e contudo estrelado desse poeta de comício e alcova que é Castro Alves; o romantismo sabiamente selvático de Gonçalves Dias; o romantismo magoado e florestal de Fagundes Varela; o romantismo nostálgico de Casimiro de Abreu, que caçava a infância como quem corre atrás de uma borboleta; o romantismo carnalmente suspiroso de Junqueira Freire; e, como um orgulhoso e solitário voo de águia, o romantismo imperial e imperioso de José de Alencar.

Que sou pequeno – mas só fito os Andes.

Modéstia de mentiroso! Esta seleção comprova que a cordilheira poética de Castro Alves é da mesma altura dos Andes. E seus ombros de poeta condenado a ser sempre grande se situam no mesmo nível

Dos ombros friorentos do vulcão...

Lêdo Ivo

POEMAS

Eu sinto em mim
O borbulhar do gênio

Castro Alves

O LIVRO E A AMÉRICA

Talhado para as grandezas,
P'ra crescer, criar, subir,
O Novo Mundo nos músculos
Sente a seiva do porvir.
– Estatuário de colossos –
Cansado doutros esboços
Disse um dia Jeová:
"Vai, Colombo, abre a cortina
"Da minha eterna oficina...
"Tira a América de lá."

Molhado inda do dilúvio,
Qual Tritão descomunal,
O continente desperta
No concerto universal.
Dos oceanos em tropa
Um – traz-lhe as artes da Europa,
Outro – as bagas de Ceilão...
E os Andes petrificados,
Como braços levantados,
Lhe apontam para a amplidão.

Olhando em torno então brada:
"Tudo marcha!... Ó grande Deus!
As cataratas – p'ra terra,
As estrelas – para os céus
Lá, do polo sobre as plagas,
O seu rebanho de vagas
Vai o mar apascentar...
Eu quero marchar com os ventos,
Com os mundos... co'os firmamentos!!!"
E Deus responde – "Marchar!"

"Marchar!... Mas como?... Da Grécia
Nos dóricos Partenons
A mil deuses levantando
Mil marmóreos Panteons?...
Marchar co'a espada de Roma
– Leoa de ruiva coma
De presa enorme no chão,
Saciando o ódio profundo...
– Com as garras nas mãos do mundo,
– Com os dentes no coração?...

"Marchar!... Mas como a Alemanha
Na tirania feudal,
Levantando uma montanha
Em cada uma catedral?...
Não!... Nem templos feitos de ossos,
Nem gládios a cavar fossos
São degraus do progredir...
Lá brada César morrendo:
"No pugilato tremendo
"Quem sempre vence é o porvir!"

Filhos do séc'lo das luzes!
Filhos da *Grande nação*!
Quando ante Deus vos mostrardes,
Tereis um livro na mão:
O livro – esse audaz guerreiro
Que conquista o mundo inteiro
Sem nunca ter Waterloo...
Éolo de pensamentos,
Que abrira a gruta dos ventos
Donde a Igualdade voou!...

Por uma fatalidade
Dessas que descem de além,
O séc'lo, que viu Colombo,
Viu Guttenberg também.
Quando no tosco estaleiro

Da Alemanha o velho obreiro
A ave da imprensa gerou...
O Genovês salta os mares...
Busca um ninho entre os palmares
E a *pátria da imprensa* achou...

Por isso na impaciência
Desta sede de saber,
Como as aves do deserto –
As almas buscam beber...
Oh! Bendito o que semeia
Livros... livros à mão cheia...
E manda o povo pensar!
O livro caindo n'alma
É germe – que faz a palma,
É chuva – que faz o mar.

Vós, que o templo das ideias
Largo – abris às multidões,
P'ra o batismo luminoso
Das grandes revoluções,
Agora que o trem de ferro
Acorda o tigre no cerro
E espanta os caboclos nus,
Fazei desse "rei dos ventos"
– Ginete dos pensamentos,
– Arauto da grande luz!...

Bravo! a quem salva o futuro
Fecundando a multidão!...
Num poema amortalhada
Nunca morre uma nação.
Como Goethe moribundo
Brada "Luz!" o Novo Mundo
Num brado de Briaréu...
Luz! pois, no vale e na serra...
Que, se a luz rola na terra,
Deus colhe gênios no céu!...

HEBREIA

Fios campi et lilium convallium.
Cântico dos Cânticos

Pomba d'esp'rança sobre um mar d'escolhos!
Lírio do vale oriental, brilhante!
Estrela vésper do pastor errante!
Ramo de murta a recender cheirosa!...

Tu és, ó filha de Israel formosa...
Tu és, ó linda, sedutora Hebreia...
Pálida rosa da infeliz Judeia
Sem ter o orvalho, que do céu deriva!

Por que descoras, quando a tarde esquiva
Mira-se triste sobre o azul das vagas?
Serão saudades das infindas plagas,
Onde a oliveira no Jordão se inclina?

Sonhas acaso, quando o sol declina,
A terra santa do Oriente imenso?
E as caravanas no deserto extenso?
E os pegureiros da palmeira à sombra?!...

Sim, fora belo na relvosa alfombra,
Junto da fonte, onde Raquel gemera,
Viver contigo qual Jacó vivera
Guiando escravo teu feliz rebanho...

Depois nas águas de cheiroso banho
– Como Susana a estremecer de frio –
Fitar-te, ó flor do babilônio rio,
Fitar-te a medo no salgueiro oculto...

Vem pois!... Contigo no deserto inculto,
Fugindo às iras de Saul embora,
Davi eu fora, – se Micol tu foras,
Vibrando na harpa do profeta o canto...

Não vês?... Do seio me goteja o pranto
Qual da torrente do Cédron deserto!...
Como lutara o patriarca incerto
Lutei, meu anjo, mas caí vencido.

Eu sou o lótus para o chão pendido.
Vem ser o orvalho oriental, brilhante!...
Ai! guia o passo ao viajor perdido,
Estrela vésper do pastor errante!...

QUEM DÁ AOS POBRES EMPRESTA A DEUS

Eu, que a pobreza de meus pobres cantos
Dei aos heróis – aos miseráveis grandes –,
Eu, que sou cego, – mas só peço luzes...
Que sou pequeno, – mas só fito os Andes...,
Canto nest'hora, como o bardo antigo
Das priscas eras, que bem longe vão,
O grande NADA dos heróis, que dormem
Do vasto pampa no funéreo chão...

Duas grandezas neste instante cruzam-se!
Duas realezas hoje aqui se abraçam!...
Uma – é um livro laureado em luzes...
Outra – uma espada, onde os lauréis se enlaçam.
Nem cora o livro de ombrear co'o sabre...
Nem cora o sabre de chamá-lo irmão...
Quando em loureiros se biparte o gládio.
Do vasto pampa no funéreo chão.

E foram grandes teus heróis, ó pátria,
– Mulher fecunda, que não cria escravos –,
Que ao trom da guerra soluçaste aos filhos:
"Parti – soldados, mas voltai-me – bravos!"
E qual Moema desgrenhada, altiva,
Eis tua prole, que se arroja então,
De um mar de glórias apartando as vagas
Do vasto pampa no funéreo chão.

E esses Leandros do Helesponto novo
Se resvalaram – foi no chão da história...
Se tropeçaram – foi na eternidade...
Se naufragaram – foi no mar da glória...
E hoje o que resta dos heróis gigantes?...
Aqui – os filhos que vos pedem pão...

Além – a ossada, que branqueia a lua,
Do vasto pampa no funéreo chão.

Ai! quantas vezes a criança loura
Seu pai procura pequenina e nua,
E vai, brincando co'o vetusto sabre,
Sentar-se à espera no portal da rua...
Mísera mãe, sobre teu peito aquece
Esta avezinha, que não tem mais pão!...
Seu pai descansa – fulminado cedro –
Do vasto pampa no funéreo chão.

Mas, já que as águias lá no sul tombaram
E os filhos d'águias o Poder esquece...
É grande, é nobre, é gigantesco, é santo!...
Lançai – a esmola, e colhereis – a prece!...
Oh! dai a esmola... que, do infante lindo
Por entre os dedos da pequena mão,
Ela transborda... e vai cair nas tumbas
Do vasto pampa no funéreo chão.

Há duas cousas neste mundo santas:
– O rir do infante, – o descansar do morto...
O berço – é a barca, que encalhou na vida,
A cova – é a barca do sidéreo porto...
E vós dissestes para o berço – Avante! –
Enquanto os nautas, que ao Eterno vão,
Os ossos deixam, qual na praia as âncoras,
Do vasto pampa no funéreo chão.

É santo o laço, em qu'hoje aqui s'estreitam
De heroicos troncos – os rebentos novos –!
É que são gêmeos dos heróis os filhos,
Inda que filhos de diversos povos!
Sim! me parece que nest'hora augusta
Os mortos saltam da feral mansão...
E um "bravo"! altivo de além-mar partindo
Rola do pampa no funéreo chão!...

AHASVERUS E O GÊNIO

Ao poeta e amigo J. Felizardo Júnior

Sabes quem foi Ahasverus?... – o precito,
O mísero Judeu, que tinha escrito
   Na fronte o selo atroz!
Eterno viajor de eterna senda...
Espantado a fugir de tenda em tenda,
Fugindo embalde à *vingadora voz!*

Misérrimo! Correu o mundo inteiro,
E no mundo tão grande... o forasteiro
   Não teve onde... pousar.
Co'a mão vazia – viu a terra cheia.
O deserto negou-lhe – o grão de areia,
A gota-d'água – rejeitou-lhe o mar.

D'Ásia as florestas – lhe negaram sombra
A savana sem fim – negou-lhe alfombra.
   O chão negou-lhe o pó!...
Tabas, serralhos, tendas e solares...
Ninguém lhe abriu a porta de seus lares
   E o triste seguiu só.

Viu povos de mil climas, viu mil raças,
E não pôde entre tantas populaças
   Beijar uma só mão...
Desde a virgem do Norte à de Sevilhas,
Desde a inglesa à crioula das Antilhas
   Não teve um coração!...

E caminhou!... E as tribos se afastavam
E as mulheres tremendo murmuravam
   Com respeito e pavor.

Ai! Fazia tremer do vale à serra...
Ele que só pedia sobre a terra
   – Silêncio, paz e amor! –

No entanto à noite, se o Hebreu passava,
Um murmúrio de inveja se elevava,
Desde a flor da campina ao colibri.
"Ele não morre", a multidão dizia...
E o precito consigo respondia:
   – "Ai! mas nunca vivi" –

───────────

O Gênio é como Ahasverus... solitário
A marchar, a marchar no itinerário
   Sem termo do existir.
Invejado! a invejar os invejosos.
Vendo a sombra dos álamos frondosos...
E sempre a caminhar... sempre a seguir...

Pede u'a mão de amigo – dão-lhe palmas:
Pede um beijo de amor – e as outras almas
   Fogem pasmas de si.
E o mísero de glória em glória corre...
Mas quando a terra diz: – "Ele não morre"
Responde o desgraçado: – "Eu não vivi!..."

MOCIDADE E MORTE

E perto avisto o porto
Imenso, nebuloso, e sempre noite
Chamado – Eternidade. –
Laurindo

Lasciate ogni speranza, voi ch'entrate.
Dante

Oh! eu quero viver, beber perfumes
Na flor silvestre, que embalsama os ares;
Ver minh'alma adejar pelo infinito,
Qual branca vela n'amplidão dos mares.
No seio da mulher há tanto aroma...
Nos seus beijos de fogo há tanta vida...
– Árabe errante, vou dormir à tarde
À sombra fresca da palmeira erguida.

Mas uma voz responde-me sombria:
Terás o sono sob a lájea fria.

Morrer... quando este mundo é um paraíso,
E a alma um cisne de douradas plumas:
Não! o seio da amante é um lago virgem...
Quero boiar à tona das espumas.
Vem! formosa mulher – camélia pálida,
Que banharam de pranto as alvoradas.

Minh'alma é a borboleta, que espaneja
O pó das asas lúcidas, douradas...

E a mesma voz repete-me terrível,
Com gargalhar sarcástico: – impossível!

E eu morro, ó Deus! na aurora da existência,
Quando a sede e o desejo em nós palpita...
Levei aos lábios o dourado pomo,
Mordi no fruto podre do Asfaltita.
No triclínio da vida – novo Tântalo –
O vinho do viver ante mim passa...
Sou dos convivas da legenda Hebraica,
O'stilete de Deus quebra-me a taça.

É que até minha sombra é inexorável,
Morrer! morrer! Soluça-me implacável.

Adeus, pálida amante dos meus sonhos!
Adeus, vida! Adeus, glória! amor! anelos!
Escuta, minha irmã, cuidosa enxuga
Os prantos de meu pai nos teus cabelos.
Fora louco esperar! fria rajada
Sinto que do viver me extingue a lampa...
Resta-me agora por futuro – a terra,
Por glória – nada, por amor – a campa.

Adeus! arrasta-me uma voz sombria
Já me foge a razão na noite fria!...

O FANTASMA E A CANÇÃO

Orgulho! desce os olhos dos céus
sobre ti mesmo, e vê como os nomes
mais poderosos vão-se refugiar numa canção.
Byron

Quem bate? – "A noite é sombria!"
– Quem bate? – "É rijo o tufão!...
Não ouvis? a ventania
Ladra à lua como um cão."
– Quem bate? – "O nome qu'importa?
Chamo-me dor... abre a porta!
Chamo-me frio... abre o lar!
Dá-me pão... chamo-me fome!
Necessidade é o meu nome!"
– Mendigo! podes passar!

"Mulher, se eu falar, prometes
A porta abrir-me?" – Talvez.
– "Olha... Nas cãs deste velho
Verás fanados lauréis.
Há no meu crânio enrugado
O fundo sulco traçado
Pela c'roa imperial.
Foragido, errante espectro,
Meu cajado – já foi cetro!
Meus trapos – manto real!"

– Senhor, minha casa é pobre...
Ide bater a um solar!
– "De lá venho... O Rei-fantasma
Baniram do próprio lar.
Nas largas escadarias,

Nas vetustas galerias,
Os pajens e as cortesãs
Cantavam!... Reinava a orgia!...
Festa! Festa! E ninguém via
O Rei coberto de cãs!"

– Fantasmas! Aos grandes, que tombam,
É palácio o mausoléu!
– "Silêncio! De longe eu venho...
Também meu túmulo morreu.
O séc'lo – traça que medra
Nos livros feitos de pedra –
Rói o mármore, cruel.
O tempo – Átila terrível
Quebra co'a pata invisível
Sarcófago e capitel.

"Desgraça então para o espectro,
Quer seja Homero ou Sólon,
Se, medindo a treva imensa
Vai bater ao Panteon...
O motim – Nero profano –
No ventre da cova insano
Mergulha os dedos cruéis.
Da guerra nos paroxismos
Se abismam mesmo os abismos
E o morto morre outra vez!

"Então, nas sombras infindas,
S'esbarram em confusão
Os fantasmas sem abrigo
Nem no espaço, nem no chão...
As almas angustiadas,
Como águias desaninhadas,
Gemendo voam no ar.
E enchem de vagos lamentos

As vagas negras dos ventos,
Os ventos do negro mar!

"Bati a todas as portas
Nem uma só me acolheu!..."
– "Entra! –: Uma voz argentina
Dentro do lar respondeu.
– "Entra, pois! Sombra exilada,
Entra! O verso – é uma pousada
Aos reis que perdidos vão.
A estrofe – é a púrpura extrema,
Último trono – é o poema!
Último asilo – a *Canção!...*"

O GONDOLEIRO DO AMOR
Barcarola

DAMA-NEGRA

Teus olhos são negros, negros,
Como as noites sem luar...
São ardentes, são profundos,
Como o negrume do mar;

Sobre o barco dos amores,
Da vida boiando à flor,
Douram teus olhos a fronte
Do Gondoleiro do amor.

Tua voz é cavatina
Dos palácios de Sorrento,
Quando a praia beija a vaga,
Quando a vaga beija o vento.

E como em noites de Itália
Ama um canto o pescador,
Bebe a harmonia em teus cantos
O Gondoleiro do amor.

Teu sorriso é uma aurora
Que o horizonte enrubesceu,
– Rosa aberta com o biquinho
Das aves rubras do céu;

Nas tempestades da vida
Das rajadas no furor,

Foi-se a noite, tem auroras
O Gondoleiro do amor.

Teu seio é vaga dourada
Ao tíbio clarão da lua,
Que, ao murmúrio das volúpias,
Arqueja, palpita nua;

Como é doce, em pensamento,
Do teu colo no languor
Vogar, naufragar, perder-se
O Gondoleiro do amor!?

Teu amor na treva é – um astro,
No silêncio uma canção,
É brisa – nas calmarias,
É abrigo – no tufão;

Por isso eu te amo, querida,
Quer no prazer, quer na dor...
Rosa! Canto! Sombra! Estrela!
Do Gondoleiro do amor.

PEDRO IVO

Sonhava nesta geração bastarda
Glórias e liberdade!...
....
Era um leão sangrento, que rugia,
Da glória nos clarins se embriagava,
E vossa gente pálida recuava,
Quando ele aparecia.
Álvares de Azevedo

Rebramam os ventos... Da negra tormenta
Nos montes de nuvens galopa o corcel...
Relincha – troveja... galgando no espaço
Mil raios desperta co'as patas revel.

É noite de horrores... nas grunas celestes,
Nas naves etéreas o vento gemeu...
E os astros fugiram, qual bando de garças
Das águas revoltas do lago do céu.

E a terra é medonha... As árvores nuas
Espectros semelham fincados de pé,
Com os braços de múmias, que os ventos retorcem,
Tremendo a esse grito, que estranho lhes é.

Desperta o infinito... Co'a boca entreaberta
Respira a borrasca do largo pulmão.
Ao longe o oceano sacode as espáduas
– Encélado novo calcado no chão.

É noite de horrores... Por ínvio caminho
Um vulto sombrio sozinho passou,
Co'a noite no peito, co'a noite no busto
Subiu pelo monte, – nas cimas parou.

Cabelos esparsos ao sopro dos ventos,
Olhar desvairado, sinistro, fatal,
Diríeis estátua roçando nas nuvens,
P'ra qual a montanha se fez pedestal.

Rugia a procela – nem ele escutava!...
Mil raios choviam – nem ele os fitou!
Com a destra apontando bem longe a cidade,
Após largo tempo sombrio falou!...

....

II

Dorme, cidade maldita,
Teu sono de escravidão!...
Dorme, vestal da pureza,
Sobre os coxins do *Sultão*!...
Dorme, filha da Geórgia,
Prostituta em negra órgia
Sê hoje Lucrécia Bórgia
Da desonra no balcão!...

Dormir?!... Não! Que a infame grita
Lá se alevanta *fatal*...
Corre o *champagne* e a desonra
Na orgia descomunal...

Na fronte já tens um laço...
Cadeias de ouro no braço,
De pérolas um baraço,
– Adornos da saturnal!

Louca!... Nem sabes que as luzes,
Que acendeu p'ra as saturnais,

São do enterro de seus brios
Tristes círios funerais...
Que o seu grito de alegria
É o estertor da agonia,
A que responde a ironia
Do riso de Satanás!...

Morreste... E ao teu saimento
Dobra a procela no céu.
E os astros – olhar dos mortos –
A mão da noite escondeu.
Vê!... Do raio mostra a lampa
Mão de espectro, que destampa
Com dedos de ossos a campa.
Onde a glória adormeceu.

E erguem-se as lápides frias,
Saltam bradando os heróis:
"Quem ousa da eternidade
Roubar-nos o sono a nós?"
Responde o espectro: "A desgraça!
Que a realeza, que passa,
Com o sangue de vossa raça,
Cospe lodo sobre vós!..."

Fugi, fantasmas augustos!
Caveiras que coram mais
Do que essas faces vermelhas
Dos infames pariás!
Fugi do solo maldito...
Embuçai-vos no infinito!...
E eu por detrás do granito
Dos montes ocidentais...

Eu também fujo... Eu fugindo!...
Mentira desses vilões!...
Não foge a nuvem trevosa

Quando em asas de tufões,
Sobe dos céus à esplanada,
Para tomar emprestada
De raios uma outra espada,
À luz das constelações!...

Como o tigre na caverna
Afia as garras no chão,
Como em Elba amola a espada
Nas pedras – Napoleão,
Tal eu – vaga encapelada,
Recuo de uma passada,
P'ra levar de derribada
Rochedos, reis, multidões...!

III

"Pernambuco! Um dia eu vi-te
Dormindo imenso ao luar,
Com os olhos quase cerrados,
Com os lábios – quase a falar...
Do braço o clarim suspenso,
– O punho no sabre extenso
De pedra – *recife* imenso,
Que rasga o peito do mar...

E eu disse: Silêncio, ventos!
Cala a boca, furacão!
No sonho daquele sono
Perpassa a Revolução!
Este olhar que não se move
'Stá fito em – Oitenta e Nove –
Lê Homero – escuta Jove...
– Robespierre – Dantão.

Naquele crânio entra em ondas
o verbo de Mirabeau...
Pernambuco sonha a escada
Que também sonhou Jacó;
Cisma a República alçada,
e pega os copos da espada,
Enquanto em su'alma brada:
"Somos irmãos, Vergniaud."

Então repeti ao povo:
– Desperta do sono teu!
Sansão – derroca as colunas!
Quebra os ferros – Prometeu!
Vesúvio curvo – não pares,
Ígnea coma solta aos ares,
Em lavas inunda os mares,
Mergulha o gládio no céu.

República!...
Voo ousado
Do homem feito condor!
Raio de aurora inda oculta
Que beija a fronte ao Tabor!

Deus! Por qu'enquanto que o monte
Bebe a luz desse horizonte,
Deixas vagar tanta fronte,
No vale envolto em negror?!...

Inda me lembro... Era, há pouco,
A luta!... Horror!... Confusão!...
A morte voa rugindo
Da garganta do canhão!...
O bravo a fileira cerra!...
Em sangue ensopa-se a terra!...
E o fumo – o corvo da guerra –
Com as asas cobre a amplidão...

Cheguei!... Como nuvens tontas,
Ao bater no monte – além,
Topam, rasgam-se, recuam...
Tais a meus pés vi também
Hostes mil na luta inglória...
... Da pirâmide da glória
São degraus... Marcha a vitória,
Porque este braço a sustém.

Foi uma luta de bravos,
Como a luta do jaguar,
De sangue enrubesce a terra,
– De fogo enrubesce o ar!...
... Oh!... mas quem faz que eu não vença?
– O acaso... avalanche imensa,
Da mão do Eterno suspensa,
Que a ideia esmaga ao tombar!...

Não importa! A liberdade
É como a hidra, o Anteu.
Se no chão rola sem forças,
Mais forte do chão se ergueu...
São os seus ossos sangrentos
Gládios terríveis, sedentos...
E da cinza solta aos ventos
Mais um Graco apareceu!...

....

Dorme, cidade maldita!
Teu sono de escravidão!
Porém no vasto sacrário
Do templo do coração,
Ateia o lume das lampas,
Talvez que um dia dos pampas
Eu surgindo quebre as campas
Onde te colam no chão.

Adeus! Vou por ti maldito
Vagar nos ermos pauis.
Tu ficas morta, na sombra,
Sem vida, sem fé, sem luz!...
Mas quando o povo acordado
Te erguer do tredo valado,
Virá livre, grande, ousado,
De pranto banhar-me a cruz!..."

IV

Assim falara o vulto errante e negro,
Como a estátua sombria do revés,
Uiva o tufão nas dobras de seu manto,
Como um cão do senhor ulula aos pés...

Inda um momento esteve solitário
Da tempestade semelhante ao deus,
Trocando frases com os trovões no espaço
Raios com os astros nos sombrios céus...

Depois sumiu-se dentre as brumas densas
Da negra noite – de su'alma irmã...
E longe... longe... no horizonte imenso
Ressonava a cidade cortesã!...

Vai!... Do sertão esperam-te as Termópilas
A liberdade ainda pulula ali...
Lá não vão vermes perseguir as águias,
Não vão escravos perseguir a ti!

Vai!... Que o teu manto de mil balas roto
É uma bandeira, que não tem rival.
– Desse suor é que Deus faz os astros...
Tens uma espada, que não foi punhal.

Vai, tu que vestes do bandido as roupas,
Mas não te cobres de uma vil libré

Se te renega teu país ingrato
O mundo, a glória tua pátria é!...

....

V

E foi-se... E inda hoje nas horas errantes,
Que os cedros farfalham, que ruge o tufão,
E os lábios da noite murmuram nas selvas
E a onça vagueia no vasto sertão.

Se passa o tropeiro nas ermas devesas,
Caminha medroso, figura-lhe ouvir
O infrene galope d'*Espectro soberbo*,
Com um grito de glória na boca a rugir.

Que importa se o túm'lo ninguém lhe conhece?
Nem tem epitáfio, nem leito, nem cruz?...
Seu túmulo é o peito do vasto universo,
Do espaço – por cúpula – as conchas azuis!...

... Mas contam que um dia rolara o oceano
Seu corpo na praia, que a vida lhe deu...
Enquanto que a glória rolava sua alma
Nas margens da história, na areia do céu!...

Tenho saudades... ai! de ti, São Paulo,
– Rosa de Espanha no hibernal Friul –
Quando o estudante e a serenata acordam
As belas filhas do país do sul.

Das várzeas longas, das manhãs brumosas,
Noites de névoas, ao rugitar do sul,
Quando eu sonhava nos morenos seios
Das belas filhas do país do sul.

BOA NOITE

Veux-tu donc partir? Le jour est encore éloigné;
C'était le rossignol et non pas l'alouette,
Dont le chant a frappé ton oreille inquiète;
Il chante la nuit sur les branches de ce grenadier,
Crois-moi, cher ami, c'était le rossignol.
                                        Shakespeare

Boa noite, Maria! Eu vou-me embora.
A lua nas janelas bate em cheio.
Boa noite, Maria! É tarde... é tarde...
Não me apertes assim contra teu seio.

Boa noite!... E tu dizes – Boa noite.
Mas não digas assim por entre beijos...
Mas não mo digas descobrindo o peito,
– Mar de amor onde vagam meus desejos.

Julieta do céu! Ouve... a *Calhandra*
Já rumoreja o canto da matina.
Tu dizes que eu menti?... pois foi mentira...
... Quem cantou foi teu hálito, divina!

Se a estrela-d'alva os derradeiros raios
Derrama *nos jardins do Capuleto*,
Eu direi, me esquecendo d'alvorada:
"É noite ainda em teu cabelo preto..."

É noite ainda! Brilha na cambraia
– Desmanchado o roupão, a espádua nua –
O globo de teu peito entre os arminhos
Como entre as névoas se balouça a lua...

É noite, pois! Durmamos, Julieta!
Recende a alcova ao trescalar das flores,
Fechemos sobre nós estas cortinas...
– São as asas do arcanjo dos amores.

A frouxa luz da alabastrina lâmpada
Lambe voluptuosa os teus contornos...
Oh! Deixa-me aquecer teus pés divinos
Ao doudo afago de meus lábios mornos.

Mulher do meu amor! Quando aos meus beijos
Treme tua alma, como a lira ao vento,
Das teclas de teu seio que harmonias,
Que escalas de suspiros, bebo atento!

Ai! Canta a cavatina do delírio,
Ri, suspira, soluça, anseia e chora...
Marion! Marion!... É noite ainda.
Que importa os raios de uma nova aurora?!...

Como um negro e sombrio firmamento,
Sobre mim desenrola teu cabelo...
E deixa-me dormir balbuciando:
– Boa noite! –, formosa Consuelo!...

HINO AO SONO

Ó sono! Ó noivo pálido
Das noites perfumosas,
Que um chão de *nebulosas*
Trilhas pela amplidão!
Em vez de verdes pâmpanos,
Na branca fronte enrolas
As lânguidas papoulas,
Que agita a viração.

Nas horas solitárias,
Em que vagueia a lua,
E lava a planta nua
Na onda azul do mar,
Com um dedo sobre os lábios
No voo silencioso,
Veio-te cauteloso
No espaço viajar!

Deus do infeliz, do mísero!
Consolação do aflito!
Descanso do precito,
Que sonha a vida em ti!

Quando a cidade tétrica
De angústias e dor não geme...
É tua mão que espreme
A dormideira ali.

Em tua branca túnica
Envolves meio mundo...
É teu seio fecundo
De sonhos e visões,
Dos templos aos prostíbulos,

Desde o tugúrio ao Paço.
Tu lanças lá do espaço
Punhados de ilusões!...

Da vide o sumo rúbido,
Do *hatchiz* a essência,
O ópio, que a indolência
Derrama em nosso ser,
Não valem, gênio mágico,
Teu seio, onde repousa
A placidez da lousa
E o gozo de viver...

Ó sono! Unge-me as pálpebras...
Entorna o esquecimento
Na luz do pensamento,
Que abrasa o crânio meu.
Como o pastor da Arcádia,
Que uma ave errante aninha...
Minh'alma é uma andorinha...
Abre-lhe o seio teu.

Tu, que fechaste as pétalas
Do lírio, que pendia,
Chorando a luz do dia
E os raios do arrebol,
Também fecha-me as pálpebras...
Sem *Ela* o que é a vida?
Eu sou a flor pendida
Que espera a luz do sol.

O leite das eufórbias
P'ra mim não é veneno...
Ouve-me, ó Deus sereno!
Ó Deus consolador!
Com teu divino bálsamo

Cala-me a ansiedade!
Mata-me esta saudade,
Apaga-me esta dor.

Mas quando, ao brilho rútilo
Do dia deslumbrante,
Vires a minha amante
Que volve para mim,
Então ergue-me súbito...
É minha aurora linda...
Meu anjo... mais ainda...
É minha amante enfim!

Ó sono! Ó Deus noctívago!
Doce influência amiga!
Gênio que a Grécia antiga
Chamava de Morfeu,
Ouve!... E se minhas súplicas
Em breve realizares...
Voto nos teus altares
Minha lira de Orfeu!

VERSOS DE UM VIAJANTE

Ai! nenhum mago da Caldeia sábia
A dor abrandará que me devora
F. Varela

Tenho saudades das cidades vastas,
Dos ínvios cerros, do ambiente azul...
Tenho saudades dos cerúleos mares,
Das belas filhas do país do sul!

Tenho saudades de meus dias idos
– Pét'las perdidas em fatal paul –
Pét'las, que outrora desfolhamos juntos,
Morenas filhas do país do sul!

Lá onde as vagas nas areias rolam,
Bem como aos pés da Oriental 'Stambul...
E da Tijuca na nitente espuma
Banham-se as filhas do país do sul.

Onde ao sereno a magnólia esconde
Os pirilampos "de lanterna azul",
Os pirilampos, que trazeis nas coifas,
Morenas filhas do país do sul.

A UMA ESTRANGEIRA
Lembrança de uma noite

no mar

> *Sens-tu mon coeur, comme il palpite?*
> *Le tien comme il battait gaiement!*
> *Je m'en vais pourtant, ma petite,*
> *Bien loin, bien vite,*
> *Toujours t'aimant.*
> Chanson

Inês! nas terras distantes,
Aonde vives talvez,
Inda lembram-te os instantes
Daquela noite divina?...
Estrangeira, peregrina,
Quem sabes? – Lembras-te, Inês?

Branda noite! A noite imensa
Não era um ninho? – Talvez!...
Do Atlântico a vaga extensa
Não era um berço? – Oh! Se o era...
Berço e ninho... ai, primavera!
O ninho, o berço de Inês.

Às vezes estremecias...
Era de febre? Talvez...
Eu pegava-te as mãos frias
P'ra aquentá-las em meus beijos...
Oh! palidez! Oh! desejos!
Oh! longos cílios de Inês.

Na proa os nautas cantavam;
Eram saudades?... Talvez!

Nossos beijos estalavam
Como estala a castanhola...
Lembras-te acaso, espanhola?
Acaso lembras-te, Inês?

Meus olhos nos teus morriam...
Seria vida? – Talvez!
E meus prantos te diziam:
"Tu levas minh'alma, ó filha,
Nas rendas desta mantilha...
Na tua mantilha, Inês!"

De Cádis o aroma ainda
Tinhas no seio... – Talvez!
De Buenos Aires a linda,
Volvendo aos lares, trazia
As rosas de Andaluzia
Nas lisas faces de Inês!

E volvia a Americana
Do Plata às vagas... Talvez?
E a brisa amorosa, insana
Misturava os meus cabelos
Aos cachos escuros, belos,
Aos negros cachos de Inês!

As estrelas acordavam
Do fundo do mar... Talvez!
Na proa as ondas cantavam,
E a serenata divina
Tu, com a ponta da botina,
Marcavas no chão... Inês!

Não era cumplicidade
Do céu, dos mares? Talvez!
Dir-se-ia que a imensidade

– Conspiradora mimosa –
Dizia à vaga amorosa:
"Segreda amores a Inês!"

E como um véu transparente,
Um véu de noiva... talvez,
Da lua o raio fremente
Te enchia de casto brilho...
E a rastos no tombadilho
Caía a teus pés... Inês!

E essa noite delirante
Pudeste esquecer? – Talvez...
Ou talvez que neste instante,
Lembrando-te inda saudosa,
Suspires, moça formosa!...
Talvez te lembres... Inês!

ODE AO DOUS DE JULHO
(Recitada no Teatro de S. Paulo)

Era no dous de julho. A pugna imensa
Travara-se nos cerros da Bahia...
O anjo da morte pálido cosia
Uma vasta mortalha em Pirajá.
"Neste lençol tão largo, tão extenso,
"Como um pedaço roto do infinito...
O mundo perguntava erguendo um grito:
"Qual dos gigantes morto rolará?!..."

Debruçados do céu... a noite e os astros
Seguiam da peleja o incerto fado...
Era a tocha – o fuzil avermelhado!
Era o Circo de Roma – o vasto chão!
Por palmas – o troar da artilharia!
Por feras – os canhões negros rugiam!
Por atletas – dous povos se batiam!
Enorme anfiteatro – era a amplidão!

Não! Não eram dous povos, que abalavam
Naquele instante o solo ensanguentado...
Era o porvir – em frente do passado,
A Liberdade – em frente à Escravidão,
Era a luta das águias – e do abutre,
A revolta do pulso – contra os ferros,
O pugilato da razão – com os erros,
O duelo da treva – e do clarão!...

No entanto a luta recrescia indômita...
As bandeiras – como águias eriçadas –
Se abismavam com as asas desdobradas
Na selva escura da fumaça atroz...

Tonto de espanto, cego de metralha,
O arcanjo do triunfo vacilava...
E a glória desgrenhada acalentava
O cadáver sangrento dos heróis!...

....
....

Mas quando a branca estrela matutina
Surgiu do espaço... e as brisas forasteiras
No verde leque das gentis palmeiras
Foram cantar os hinos do arrebol,
Lá do campo deserto da batalha
Uma voz se elevou clara e divina:
Eras tu – Liberdade peregrina!
Esposa do porvir – noiva do sol!...

Eras tu que, com os dedos ensopados
No sangue dos avós mortos na guerra,
Livre sagravas a Colúmbia terra,
Sagravas livre a nova geração!
Tu que erguias, subida na pirâmide,
Formada pelos mortos de Cabrito,
Um pedaço de gládio – no infinito...
Um trapo de bandeira – n'amplidão!...

AS DUAS ILHAS
Sobre uma página de poesia de
V. Hugo com o mesmo título

Quando à noite – às horas mortas –
O silêncio e a solidão
Sob o dossel do infinito –
Dormem do mar n'amplidão,
Vê-se, por cima dos mares,
Rasgando o teto dos ares
Dois gigantescos perfis...
Olhando por sobre as vagas,
Atentos, longínquas plagas
Ao clarear dos fuzis.

Quem os vê, olha espantado
E a sós murmura: "O que é?
Ai! que atalaias gigantes,
São essas além de pé?!..."
Adamastor de granito
Co'a testa roça o infinito
E a barba molha no mar;
É de pedra a cabeleira
Sacudind'a onda ligeira
Faz de medo recuar...

São – dous marcos miliários,
Que Deus nas ondas plantou.
Dous rochedos, onde o mundo
Dous Prometeus amarrou!...
– Acolá... (Não tenhas medo!...)
É Santa Helena – o rochedo
Desse Titã, que foi rei!...

– Ali... (Não feches os olhos!...)
Ali... aqueles abrolhos
São a ilha de Jersey!...

São eles – os dous gigantes
No século de pigmeus.
São eles – que a majestade
Arrancam da mão de Deus.
– Este concentra na fronte
Mais astros – que o horizonte,
Mais luz – do que o sol lançou!...
– Aquele – na destra alçada
Traz segura sua espada
– Cometa, que ao céu roubou!...

E olham os velhos rochedos
O Sena, que dorme além...
E a França, que entre a caligem
Dorme em sudário também...
E o mar pergunta espantado:
"Foi deveras desterrado
Buonaparte – meu irmão?..."
Diz o céu astros chorando:
"E Hugo?..." E o mundo pasmando
Diz: "Hugo... Napoleão!..."

Como vasta reticência
Se estende o silêncio após...
És muito pequena, ó França,
P'ra conter estes heróis...
Sim! que estes vultos augustos
Para o leito de Procustos
Muito grandes Deus traçou...
Basta os reis tremam de medo
Se a sombra de algum rochedo
Sobre eles se projetou!...

Dizem que, quando, alta noite,
Dorme a terra – e vela Deus,
As duas ilhas conversam
Sem temor perante os céus.
– Jersey curva sobre os mares
À Santa Helena os pensares
Segreda do velho Hugo...
– E Santa Helena no entanto
No *Salgueiro* enxuga o pranto
E conta o que *Ele* falou...

E olhando o presente infame
Clamam: "Da turba vulgar
Nós – infinitos de pedra –
Nós havemo-los vingar!..."
E do mar sobre as escumas,
E do céu por sobre as brumas,
Um ao outro dando a mão...
Encaram a imensidade
Bradando: "A Posteridade!..."
Deus ri-se e diz: "Inda não!..."

Eu sinto em mim o borbulhar do gênio.
Vejo além um futuro radiante:
Avante! – brada-me o talento n'alma
E o eco ao longe me repete – avante! –
O futuro... o futuro... no seu seio...
Entre louros e bênçãos dorme a glória!
Após – um nome do universo n'alma,
Um nome escrito no Panteon da história.

E a mesma voz repete funerária: –
Teu Panteon – a pedra mortuária!

Morrer – é ver extinto dentre as névoas
O fanal, que nos guia na tormenta:
Condenado – escutar dobres de sino,
– Voz da morte, que a morte lhe lamenta –
Ai! morrer – é trocar astros por círios,
Leito macio por esquife imundo,
Trocar os beijos da mulher – no visco
Da larva errante no sepulcro fundo.

Ver tudo findo... só na lousa um nome,
Que o viandante a perpassar consome.

E eu sei que vou morrer... dentro em meu peito
Um mal terrível me devora a vida:
Triste Ahasverus, que no fim da estrada,
Só tem por braços uma cruz erguida.

Sou o cipreste, qu'inda mesmo flórido,
Sombra de morte no ramal encerra!

Vivo – que vaga sobre o chão da morte,
Morto – entre os vivos a vagar na terra.

Do sepulcro escutando triste grito
Sempre, sempre bradando-me: maldito! –

OS ANJOS DA MEIA-NOITE
Fotografias

Quando a insônia, qual lívido vampiro,
Como o arcanjo da guarda do Sepulcro,
   Vela à noite por nós,
E banha-se em suor o travesseiro,
E além geme nas franças do pinheiro
   Da brisa a longa voz...

Quando sangrenta a luz no alampadário
Estala, cresce, expira, após ressurge,
   Como uma alma a penar;
E canta aos guizos rubros da loucura
A febre – a meretriz da sepultura
   A rir e a soluçar...

Quando tudo vacila e se evapora,
Muda e se anima, vive e se transforma,
   Cambaleia e se esvai...
E da sala na mágica penumbra
Um mundo em trevas rápido se obumbra...
   E outro das trevas sai...

....

Então... nos brancos mantos, que arregaçam
Da meia-noite os Anjos alvos passam
   Em longa procissão!
E eu murmuro ao fitá-los assombrado:
São os Anjos de amor de meu passado
   Que desfilando vão...

Almas, que um dia no meu peito ardente
Derramastes dos sonhos a semente,

Mulheres, que eu amei!
Anjos louros do céu! virgens serenas!
Madonas, Querubins ou Madalenas!
　　Surgi! aparecei!

Vinde, fantasmas! Eu vos amo ainda;
Acorde-se a harmonia à noite infinda
　　Ao roto bandolim...

....

E no éter, que em notas se perfuma,
As visões s'alteando uma por uma,
　　Vão desfilando assim!

1ª SOMBRA

MARIETA

Como o gênio da noite, que desata
O véu de rendas sobre a espádua nua,
Ela solta os cabelos... Bate a lua
Nas alvas dobras de um lençol de prata...

O seio virginal, que a mão recata,
Embalde o prende a mão... cresce, flutua...
Sonha a moça ao relento... Além na rua
Preludia um violão na serenata!...

... Furtivos passos morrem no lajedo...
Resvala a escada do balcão discreta
Matam lábios os beijos em segredo...

Afoga-me os suspiros, Marieta!
Ó surpresa! ó palor! ó pranto! ó medo!
Ai! noites de Romeu e Julieta!...

2ª SOMBRA

BÁRBORA

Erguendo o cálix, que o Xerez perfuma,
Loura a trança alastrando-lhe os joelhos,
Dentes níveos em lábios tão vermelhos,
Como boiando em purpurina escuma;

Um dorso de Valquíria... alvo de bruma,
Pequenos pés sob infantis artelhos,
Olhos vivos, tão vivos como espelhos,
Mas como eles também sem chama alguma;

Garganta de um palor alabastrino,
Que harmonias e músicas respira...
No lábio – um beijo.... – no beijar – um hino;

Harpa eólia a esperar que o vento a fira,
– Um pedaço de mármore divino...
– É o retrato de Bárbora – a Hetaíra. –

3ª SOMBRA

ESTER

Vem! no teu peito cálido e brilhante
O nardo oriental melhor transpira!...
Enrola-te na longa cachemira,
Como as Judias moles do Levante.

Alva a clâmide aos ventos – roçagante...
Túmido o lábio, onde o saltério gira...
Ó musa de Israel! pega da lira...
Canta os martírios de teu povo errante!

Mas não... brisa da pátria além revoa,
E, ao delamber-lhe o braço de alabastro,
Falou-lhe de partir... e parte... e voa...

Qual nas algas marinhas desce um astro...
Linda Ester! teu perfil se esvai... s'escoa...
Só me resta um perfume... um canto... um rastro...

4ª SOMBRA

FABÍOLA

Como teu riso dói... como na treva
Os lêmures respondem no infinito:
Tens o aspecto do pássaro maldito,
Que em sânie de cadáveres se ceva!

Filha da noite! A ventania leva
Um soluço de amor pungente, aflito...
Fabíola! É teu nome!... Escuta... é um grito,
Que lacerante para os céus s'eleva!...

E tu folgas, Bacante dos amores,
E a orgia, que a mantilha te arregaça,
Enche a noite de horror, de mais horrores...

É sangue, que referve-te na taça!
É sangue, que borrifa-te estas flores!
E este sangue é meu sangue... é meu... Desgraça!

5ª E 6ª SOMBRAS

CÂNDIDA E LAURA

Como no tanque de um palácio mago
Dois alvos cisnes na bacia lisa,
Como nas águas, que o barqueiro frisa,
Dois nenufares sobre o azul do lago,

Como nas hastes em balouço vago
Dois lírios roxos, que acalenta a brisa,
Como um casal de juritis, que pisa
O mesmo ramo no amoroso afago...

Quais dois planetas na cerúlea esfera,
Como os primeiros pâmpanos das vinhas,
Como os renovos nos ramais da hera,

Eu vos vejo passar nas noites minhas,
Crianças, que trazeis-me a primavera...
Crianças, que lembrais-me as andorinhas!...

7ª SOMBRA

   DULCE

Se houvesse ainda talismã bendito
Que desse ao pântano – a corrente pura,
Musgo – ao rochedo, festa – à sepultura,
Das águias negras – harmonia ao grito...

Se alguém pudesse ao infeliz precito
Dar lugar no banquete da ventura...
E trocar-lhe o velar da insônia escura
No poema dos beijos – infinito...

Certo... serias tu, donzela casta,
Quem me tomasse em meio do Calvário
A cruz de angústia, que o meu ser arrasta!...

Mas se tudo recusa-me o fadário,
Na hora de expirar, ó Dulce, basta
Morrer beijando a cruz de teu rosário!...

8ª SOMBRA

ÚLTIMO FANTASMA

Quem és tu, quem és tu, vulto gracioso,
Que te elevas da noite na orvalhada?
Tens a face nas sombras mergulhada...
Sobre as névoas te libras vaporoso...

Baixas do céu num voo harmonioso!...
Quem és tu, bela e branca desposada?
Da laranjeira em flor a flor nevada
Cerca-te a fronte, ó ser misterioso!...

Onde nos vimos nós?... És doutra esfera?
És o ser que eu busquei do sul ao norte...
Por quem meu peito em sonhos desespera?...

Quem és tu? Quem és tu? – És minha sorte!
És talvez o ideal que est'alma espera!
És a glória talvez! Talvez a morte!...

O HÓSPEDE

Choro por ver que os dias passam breves
E te esqueces de mim quando tu fores;
Como as brisas que passam doudas, leves,
E não tornam atrás a ver as flores.
Teófilo Braga

"Onde vais, estrangeiro! Por que deixas
O solitário albergue do deserto?
O que buscas além dos horizontes?
Por que transpor o píncaro dos montes,
Quando podes achar o amor tão perto?...

"Pálido moço! Um dia tu chegaste
De outros climas, de terras bem distantes...
Era noite!... A tormenta além rugia...
Nos abetos da serra a ventania
Tinha gemidos longos, delirantes.

"Uma buzina restrugiu no vale
Junto aos barrancos onde geme o rio...
De teu cavalo o galopar soava,
E teu cão ululando replicava
Aos surdos roncos do trovão bravio.

"Entraste! A loura chama do brasido
Lambia um velho cedro crepitante,
Eras tão triste ao lume da fogueira...
Que eu derramei a lágrima primeira
Quando enxuguei teu manto gotejante!

"Onde vais, estrangeiro? Por que deixas
Esta infeliz, misérrima cabana?
Inda as aves te afagam do arvoredo...

Se quiseres... as flores do silvedo
Verás inda nas tranças da serrana.

"Queres voltar a este país maldito
Onde a alegria e o riso te deixaram?
Eu não sei tua história... mas que importa?...
... Boia em teus olhos a esperança morta
Que as mulheres de lá te apunhalaram.

"Não partas, não! Aqui todos te querem!
Minhas aves amigas te conhecem.
Quando à tardinha volves da colina
Sem receio da longa carabina
De lajedo em lajedo as corças descem!

"Teu cavalo nitrindo na savana
Lambe as úmidas gramas em meus dedos,
Quando a *fanfarra* tocas na montanha,
A matilha dos ecos te acompanha
Ladrando pela ponta dos penedos.

"Onde vais, belo moço? Se partires
Quem será teu amigo, irmão e pajem?
E quando a negra insônia te devora,
Quem, na guitarra que suspira e chora,
Há de cantar-te seu amor selvagem?

"A choça do desterro é nua e fria!
O caminho do exílio é só de abrolhos!
Que família melhor que meus desvelos?...
Que tenda mais sutil que meus cabelos
Estrelados no pranto de teus olhos?...

"Estranho moço! Eu vejo em tua fronte
Esta amargura atroz que não tem cura.
Acaso fulge ao sol de outros países,
Por entre as balças de cheirosos lises,
A esposa que tua alma assim procura?

"Talvez tenhas além servos e amantes,
Um palácio em lugar de uma choupana,
E aqui só tens uma guitarra e um beijo,
E o fogo ardente de ideal desejo
Nos seios virgens da infeliz serrana!..."

No entanto *Ele* partiu!... Seu vulto ao longe
Escondeu-se onde a vista não alcança...
... Mas não penseis que o triste forasteiro
Foi procurar nos lares do estrangeiro
O fantasma sequer de uma esperança!...

AVES DE ARRIBAÇÃO

Pensava em ti nas horas de tristeza,
Quando estes versos pálidos compus,
Cercavam-me planícies sem beleza,
Pesava-me na fronte um céu sem luz.

Ergue este ramo solto no caminho.
Sei que em teu seio asilo encontrará.
Só tu conheces o secreto espinho.
Que dentro d'alma me pungindo está.
Fagundes Varela

Aves, é primavera! à rosa! à rosa!
Tomás Ribeiro

I

Era o tempo em que as ágeis andorinhas
Consultam-se na beira dos telhados,
E inquietas conversam, perscrutando
Os pardos horizontes carregados...

Em que as rolas e os verdes periquitos
Do fundo do sertão descem cantando...
Em que a tribo das aves peregrinas
Os *Zíngaros* do céu formam-se em bando!

Viajar! Viajar! A brisa morna
Traz de outro clima os cheiros provocantes.
A primavera desafia as asas,
Voam os passarinhos e os amantes!...

II

Um dia *Eles* chegaram. Sobre a estrada
Abriram à tardinha as persianas;
E mais festiva a habitação sorria
Sob os festões das trêmulas lianas.

Quem eram? Donde vinham? – Pouco importa
Quem fossem da casinha os habitantes.
– São noivos –: as mulheres murmuravam!
E os pássaros diziam: – São amantes –!

Eram vozes – que uniam-se co'as brisas!
Eram risos – que abriam-se co'as flores!
Eram mais dous clarões – na primavera!
Na festa universal – mais dous amores!

Astros! Falai daqueles olhos brandos.
Trepadeiras! Falai-lhe dos cabelos!
Ninhos d'aves! Dizei, naquele seio,
Como era doce um pipilar d'anelos.

Sei que ali se ocultava a mocidade...
Que o idílio cantava noite e dia...
E a casa branca à beira do caminho
Era o asilo do amor e da poesia.

Quando a noite enrolava os descampados,
O monte, a seiva, a choça do serrano,
Ouviam-se, alongando à paz dos ermos,
Os sons doces, plangentes de um piano.

Depois suave, plena, harmoniosa
Uma voz de mulher se alevantava...
E o pássaro inclinava-se das ramas
E a estrela do infinito se inclinava.

E a voz cantava o *tremolo* medroso
De uma ideal sentida *barcarola*...

Ou nos ombros da noite desfolhava
As notas petulantes da Espanhola!

III

Às vezes, quando o sol nas matas virgens
A fogueira das tardes acendia,
E como a ave ferida ensanguentava
Os píncaros da longa serrania,

Um grupo destacava-se amoroso,
Tendo por tela a opala do infinito,
Dupla estátua do amor e mocidade
Num pedestal de musgos e granito.

E embaixo o vale a descantar saudoso
Na cantiga das moças lavadeiras!...
E o riacho a sonhar nas canas bravas.
E o vento a s'embalar nas trepadeiras.

Ó crepúsculos mortos! Voz dos ermos!
Montes azuis! Sussurros da floresta!
Quando mais vós tereis tantos afetos
Vicejando convosco em vossa festa?...

E o sol poente inda lançava um raio
Do *caçador* na longa carabina...
E sobre a fronte d'*Ela* por diadema
Nascia ao longe a estrela vespertina.

IV

É noite! Treme a lâmpada medrosa
Velando a longa noite do *poeta*...

Além, sob as cortinas transparentes
Ela dorme... formosa Julieta!

Entram pela janela quase aberta
Da meia-noite os preguiçosos ventos
E a lua beija o seio alvinitente
– Flor que abrira das noites aos relentos.

O Poeta trabalha!... A fronte pálida
Guarda talvez fatídica tristeza...
Que importa? A inspiração lhe acende o verso
Tendo por musa – o amor e a natureza!

E como o cáctus desabrocha a medo
Das noites tropicais na mansa calma,
A estrofe entreabre a pétala mimosa
Perfumada da essência de sua alma.

No entanto *Ela* desperta... num sorriso
Ensaia um beijo que perfuma a brisa...
... A Casta-diva apaga-se nos montes...
Luar de amor! Acorda-te, Adalgisa!

V

Hoje a casinha já não abre à tarde
Sobre a estrada as alegres persianas.
Os ninhos desabaram... no abandono
Murcharam-se as grinaldas de lianas.

Que é feito do viver daqueles tempos?
Onde estão da casinha os habitantes?
... A Primavera, que arrebata as asas...
Levou-lhe os passarinhos e os amantes!...

A MEU IRMÃO
GUILHERME DE CASTRO ALVES

Na Cordilheira altíssima dos Andes
Os Chimborazos solitários, grandes
Ardem naquelas hibernais regiões.
Ruge embalde e fumega a solfatera...
É dos lábios sangrentos da cratera
Que a avalanche vacila aos furacões.

A escória rubra com os geleiros brancos
Misturados resvalam pelos fiancos
Dos ombros friorentos do vulcão...

....

Assim, Poeta, é tua vida imensa,
Cerca-te o gelo, a morte, a indiferença...
E são lavas lá dentro o coração.

AO ROMPER D'ALVA

Página feia, que ao futuro narra
Dos homens de hoje a lassidão, a história
Com o pranto escrita, com suor selada
Dos párias misérrimos do mundo!...
Página feia, que eu não possa altivo
Romper, pisar-te, recalcar, punir-te...
Pedro Calasans

Sigo só caminhando serra acima,
E meu cavalo a galopar se anima
   Aos bafos da manhã.
A alvorada se eleva do levante,
E, ao mirar na lagoa seu semblante,
   Julga ver sua irmã.

As estrelas fugindo aos nenufares,
Mandam rútilas pérolas dos ares
   De um desfeito colar.
No horizonte desvendam-se as colinas,
Sacode o véu de sonhos de neblinas
   A terra ao despertar.

Tudo é luz, tudo aroma e murmurio.
A barba branca da cascata o rio
   Faz orando tremer.
No descampado o cedro curva a frente,
Folhas e prece aos pés do Onipotente
   Manda a lufada erguer.

Terra de Santa Cruz, sublime verso
Da epopeia gigante do universo,

Da imensa criação.
Com tuas matas, ciclopes de verdura,
Onde o jaguar, que passa na espessura,
   Roja as folhas no chão;

Como és bela, soberba, livre, ousada!
Em tuas cordilheiras assentada
   A liberdade está.
A púrpura da bruma, a ventania
Rasga, espedaça o cetro que s'erguia
   Do rijo piquiá.

Livre o tropeiro toca o lote e canta
A lânguida cantiga com que espanta
   A saudade, a aflição.
Solto o ponche, o cigarro fumegando
Lembra a serrana bela, que chorando
   Deixou lá no sertão.

Livre, como o tufão, corre o vaqueiro
Pelos morros e várzea e tabuleiro
   Do intrincado cipó.
Que importa' os dedos da jurema aduncos?
A anta, ao vê-los, oculta-se nos juncos,
   Voa a nuvem de pó.

Dentre a flor amarela das encostas
Mostra a testa luzida, as largas costas
   No rio o jacaré.
Catadupas sem freios, vastas, grandes,
Sois a palavra livre desses Andes
   Que além surgem de pé.

Mas o que veio? É um sonho!... A barbaria
Erguer-se neste século, à luz do dia.
   Sem pejo se ostentar.

E a escravidão – nojento crocodilo
Da onda turva expulso lá do Nilo
   Vir aqui se abrigar!...

Oh! Deus! não ouves dentre a imensa orquesta
Que a natureza virgem manda em festa
   Soberba, senhoril,
Um grito que soluça aflito, vivo,
O retinir dos ferros do cativo,
   Um som discorde e vil?

Senhor, não deixes que se manche a tela
Onde traçaste a criação mais bela
   De tua inspiração.
O sol de tua glória foi toldado...
Teu poema da América manchado,
   Manchou-o a escravidão.

Prantos de sangue – vagas escarlates –
Toldam teus rios – lúbricos Eufrates –
   Dos servos de Sião.
E as palmeiras se torcem torturadas,
Quando escutam dos morros nas quebradas
   O grito de aflição.

Oh! ver não posso este labéu maldito!
Quando dos livres ouvirei o grito?
   Sim... talvez amanhã.
Galopa, meu cavalo, serra acima!
Arranca-me a este solo. Eia! te anima
   Aos bafos da manhã!

ESTROFES DO SOLITÁRIO

Basta de covardia! A hora soa...
Voz ignota e fatídica revoa,
   Que vem... Donde? De Deus.
A nova geração rompe da terra,
E, qual Minerva armada para a guerra,
   Pega a espada... olha os céus.

Sim, de longe, das raias do futuro,
Parte um grito, p'ra – os homens surdo, obscuro,
   Mas para – os moços, não!
É que, em meio das lutas da cidade,
Não ouvis o clarim da Eternidade,
   Que troa n'amplidão!

Quando as praias se ocultam na neblina,
E como a garça, abrindo a asa latina,
   Corre a barca no mar,
Se então sem freios se despenha o norte,
É impossível – parar... volver – é morte...
   Só lhe resta marchar.

E o povo é como – a barca em plenas vagas,
A tirania – é o tremedal das plagas,
   O porvir – a amplidão.
Homens! Esta lufada que rebenta
É o furor da mais lôbrega tormenta...
   – Ruge a revolução.

E vós cruzais os braços... Covardia!
E murmurais com fera hipocrisia:
   – É preciso esperar...
Esperar? Mas o quê? Que a populaça,

Este vento que os tronos despedaça,
  Venha abismos cavar?

Ou quereis, como o sátrapa arrogante,
Que o porvir, n'antessala, espere o instante
  Em que o deixeis subir?!
Oh! parai a avalanche, o sol, os ventos,
O oceano, o condor, os elementos...
  Porém nunca o porvir!

Meu Deus! Da negra lenda que se inscreve
Co'o sangue de um Luís, no chão da Grève,
  Não resta mais um som!...
Em vão nos deste, p'ra maior lembrança,
Do mundo – a Europa, mas d'Europa – a França.
  Mas da França – um Bourbon!

Desvario das frontes coroadas!
Na página das púrpuras rasgadas
  Ninguém mais estudou!
E no sulco do tempo, embalde dorme
A cabeça dos reis – semente enorme
  Que a multidão plantou!...

No entanto fora belo nesta idade
Desfraldar o estandarte da igualdade,
  De Byron ser o irmão...
E pródigo – a esta Grécia brasileira,
Legar no testamento – uma bandeira,
  E ao mundo – uma nação.

Soltar ao vento a inspiração de Graco
Envolver-se no manto de 'Spartaco,
  Dos servos entre a grei;
Lincoln – o Lázaro acordar de novo,
E da tumba da ignomínia erguer um povo,
  Fazer de um verme – um rei!

Depois morrer – que a vida está completa,
– Rei ou tribuno, César ou poeta,
　Que mais quereis depois?
Basta escutar, do fundo lá da cova,
Dançar em vossa lousa a raça nova
　Libertada por vós...

O NAVIO NEGREIRO
Tragédia no mar

1ª

'Stamos em pleno mar... Doudo no espaço
Brinca o luar – doirada borboleta –
E as vagas após ele correm... cansam
Como turba de infantes inquieta.

'Stamos em pleno mar... Do firmamento
Os astros saltam como espumas de ouro...
O mar em troca acende as ardentias
– Constelações do líquido tesouro...

'Stamos em pleno mar... Dois infinitos
Ali se estreitam num abraço insano
Azuis, dourados, plácidos, sublimes...
Qual dos dois é o céu? Qual o oceano?...

'Stamos em pleno mar... Abrindo as velas
Ao quente arfar das virações marinhas,
Veleiro brigue corre à flor dos mares
Como roçam na vaga as andorinhas...

Donde vem?... Onde vai?... Das naus errantes
Quem sabe o rumo se é tão grande o espaço?
Neste Saara os corcéis o pó levantam,
Galopam, voam, mas não deixam traço.

Bem feliz quem ali pode nest'hora
Sentir deste painel a majestade!...
Embaixo – o mar... em cima – o firmamento...
E no mar e no céu – a imensidade!

Oh! que doce harmonia traz-me a brisa!
Que música suave ao longe soa!
Meu Deus! Como é sublime um canto ardente
Pelas vagas sem fim boiando à toa!

Homens do mar! Ó rudes marinheiros
Tostados pelo sol dos quatro mundos!
Crianças que a procela acalentara
No berço destes pélagos profundos!

Esperai! Esperai! deixai que eu beba
Esta selvagem, livre poesia...
Orquestra – é o mar que ruge pela proa,
E o vento que nas cordas assobia...

....

Por que foges assim, barco ligeiro?
Por que foges do pávido poeta?
Oh! quem me dera acompanhar-te a *esteira*
Que semelha no mar – doudo cometa!

Albatroz! Albatroz! águia do oceano,
Tu, que dormes das nuvens entre as gazas,
Sacode as penas, Leviatã do espaço!
Albatroz! Albatroz! Dá-me estas asas...

2ª

Que importa do nauta o berço,
Donde é filho, qual seu lar?...
Ama a cadência do verso
Que lhe ensina o velho mar!
Cantai! que a noite é divina!
Resvala o brigue à bolina

Como um golfinho veloz.
Presa ao mastro do mezena
Saudosa bandeira acena
Às vagas que deixa após.

Do Espanhol as cantilenas
Requebradas de languor,
Lembram as moças morenas,
As andaluzas em flor.
Da Itália o filho indolente
Canta Veneza dormente
— Terra de amor e traição —
Ou do golfo no regaço
Relembra os versos do Tasso
Junto às lavas do Vulcão!

O Inglês — marinheiro frio,
Que ao nascer no mar se achou —
(Porque a Inglaterra é um navio,
Que Deus na Mancha ancorou),
Rijo entoa pátrias glórias,
Lembrando orgulhoso histórias
De Nélson e de Aboukir.
O Francês — predestinado —
Canta os louros do passado
E os loureiros do porvir...

Os marinheiros Helenos,
Que a vaga iônia criou,
Belos piratas morenos
Do mar que Ulisses cortou,
Homens que Fídias talhara,
Vão cantando em noite clara
Versos que Homero gemeu...
... Nautas de todas as plagas!
Vós sabeis achar nas vagas
As melodias do céu...

3ª

Desce do espaço imenso, ó águia do oceano!
Desce mais, inda mais... não pode o olhar humano
Como o teu mergulhar no brigue voador.
Mas que vejo eu ali... que quadro de amarguras!
Que cena funeral!... Que tétricas figuras!...
Que cena infame e vil!... Meu Deus!
   Meu Deus! Que horror!

4ª

Era um sonho dantesco... O tombadilho
Que das luzernas avermelha o brilho,
   Em sangue a se banhar.
Tinir de ferros... estalar do açoite...
Legiões de homens negros como a noite,
   Horrendos a dançar...

Negras mulheres, suspendendo às tetas
Magras crianças, cujas bocas pretas
   Rega o sangue das mães:
Outras, moças... mas nuas, espantadas,
No turbilhão de espectros arrastadas,
   Em ânsia e mágoa vãs.

E ri-se a orquestra, irônica, estridente...
E da ronda fantástica a serpente
   Faz doudas espirais...
Se o velho arqueja... se no chão resvala,
Ouvem-se gritos... o chicote estala.
   E voam mais e mais...

Presa nos elos de uma só cadeia,
A multidão faminta cambaleia,
   E chora e dança ali!

....

Um de raiva delira, outro enlouquece...
Outro, que de martírios embrutece,
   Cantando, geme e ri!

No entanto o capitão manda a manobra
E após, fitando o céu que se desdobra
   Tão puro sobre o mar,
Diz do fumo entre os densos nevoeiros:
"Vibrai rijo o chicote, marinheiros!
   Fazei-os mais dançar!..."

E ri-se a orquestra irônica, estridente...
E da ronda fantástica a serpente
   Faz doudas espirais!
Qual num sonho dantesco as sombras voam...
Gritos, ais, maldições, preces ressoam!
   E ri-se Satanás!...

5ª

Senhor Deus dos desgraçados!
Dizei-me vós, Senhor Deus!
Se é loucura... se é verdade
Tanto horror perante os céus...
Ó mar! por que não apagas
Co'a esponja de tuas vagas
De teu manto este borrão?...
Astros! noite! tempestades!
Rolai das imensidades!
Varrei os mares, tufão!...

Quem são estes desgraçados,
Que não encontram em vós,

Mais que o rir calmo da turba
Que excita a fúria do algoz?
Quem são?... Se a estrela se cala,
Se a vaga à pressa resvala
Como um cúmplice fugaz,
Perante a noite confusa...
Dize-o tu, severa musa,
Musa libérrima, audaz!

São os filhos do deserto
Onde a terra esposa a luz.
Onde voa em campo aberto
A tribo dos homens nus...
São os guerreiros ousados,
Que com os tigres mosqueados
Combatem na solidão...
Homens simples, fortes, bravos...
Hoje míseros escravos
Sem ar, sem luz, sem razão...

São mulheres desgraçadas
Como Agar o foi também,
Que sedentas, alquebradas,
De longe... bem longe vêm...
Trazendo com tíbios passos,
Filhos e algemas nos braços,
N'alma – lágrimas e fel.
Como Agar sofrendo tanto
Que nem o leite do pranto
Têm que dar para Ismael...

Lá nas areias infindas,
Das palmeiras no país,
Nasceram – crianças lindas,
Viveram – moças gentis...
Passa um dia a *caravana*

Quando a virgem na cabana
Cisma da noite nos véus...
... Adeus! ó choça do monte!...
... Adeus! palmeiras da fonte!...
... Adeus! amores... adeus!...

Depois o areal extenso...
Depois o oceano de pó...
Depois no horizonte imenso
Desertos... desertos só...
E a fome, o cansaço, a sede...
Ai! quanto infeliz que cede,
E cai p'ra não mais s'erguer!...
Vaga um lugar na cadeia,
Mas o chacal sobre a areia
Acha um corpo que roer...

Ontem a Serra Leoa,
A guerra, a caça ao leão,
O sono dormido à toa
Sob as tendas d'amplidão...
Hoje... o *porão* negro, fundo,
Infecto, apertado, imundo,
Tendo a *peste* por jaguar...
E o sono sempre cortado
Pelo arranco de um finado,
E o baque de um corpo ao mar...

Ontem plena liberdade,
A vontade por poder...
Hoje... cúm'lo de maldade
Nem são livres p'ra... morrer...
Prende-os a mesma corrente
– Férrea, lúgubre serpente –
Nas roscas da escravidão.
E assim roubados à morte,

Dança a lúgubre coorte
Ao som do açoite... Irrisão!...

Senhor Deus dos desgraçados!
Dizei-me vós, Senhor Deus!
Se eu deliro... ou se é verdade
Tanto horror perante os céus...
Ó mar, por que não apagas
Co'a esponja de tuas vagas
De teu manto este borrão?...
Astros! noite! tempestades!
Rolai das imensidades!
Varrei os mares, tufão!...

6ª

Existe um povo que a bandeira empresta
P'ra cobrir tanta infâmia e cobardia!...
E deixa-a transformar-se nessa festa
Em manto impuro de bacante fria!...
Meu Deus! meu Deus! mas que bandeira é esta,
Que impudente na gávea tripudia?!...
Silêncio!... Musa! chora, chora tanto
Que o pavilhão se lave no teu pranto...

Auriverde pendão de minha terra,
Que a brisa do Brasil beija e balança,
Estandarte que a luz do sol encerra,
E as promessas divinas da esperança...
Tu, que da liberdade após a guerra,
Foste hasteado dos heróis na lança,
Antes te houvessem roto na batalha,
Que servires a um povo de mortalha!...

Fatalidade atroz que a mente esmaga!
Extingue nesta hora o *brigue imundo*

O trilho que Colombo abriu na vaga,
Como um íris no pélago profundo!...
... Mas é infâmia demais... Da etérea plaga
Levantai-vos, heróis do Novo Mundo...
Andrada! arranca este pendão dos ares!
Colombo! fecha a porta de teus mares!

VOZES D'ÁFRICA

Deus! ó Deus! onde estás que não respondes?
Em que mundo, em qu'estrela tu t'escondes
   Embuçado nos céus?
Há dois mil anos te mandei meu grito,
Que embalde desde então corre o infinito...
   Onde estás, Senhor Deus?...

Qual Prometeu tu me amarraste um dia
Do deserto na rubra penedia
   – Infinito: galé!...
Por abutre – me deste o sol candente,
E a terra de Suez – foi a corrente
   Que me ligaste ao pé...

O cavalo estafado do Beduíno
Sob a vergasta tomba ressupino
   E morre no areal.
Minha garupa sangra, a dor poreja,
Quando o chicote do *simoun* dardeja
   O teu braço eternal.

Minhas irmãs são belas, são ditosas...
Dorme a Ásia nas sombras voluptuosas
   Dos *haréns* do Sultão.
Ou no dorso dos brancos elefantes
Embala-se coberta de brilhantes
   Nas plagas do Hindustão.

Por tenda tem os cimos do Himalaia...
O Ganges amoroso beija a praia
   Coberta de corais...
A brisa de Misora o céu inflama;
E ela dorme nos templos do Deus Brama,
   – Pagodes colossais...

A Europa é sempre Europa, a gloriosa!...
A mulher deslumbrante e caprichosa,
   Rainha e cortesã.
Artista – corta o mármore de Carrara;
Poetisa – tange os hinos de Ferrara,
   No glorioso afã!...

Sempre a láurea lhe cabe no litígio...
Ora uma c'roa, ora o barrete *frígio*
   Enflora-lhe a cerviz.
O Universo após ela – doudo amante –
Segue cativo o passo delirante
   Da grande meretriz.

....

Mas eu, Senhor!... Eu triste abandonada
Em meio das areias esgarrada,
   Perdida marcho em vão!
Se choro... bebe o pranto a areia ardente;
Talvez... p'ra que meu pranto, ó Deus clemente!
   Não descubras no chão...

E nem tenho uma sombra de floresta...
Para cobrir-me nem um templo resta
   No solo abrasador...
Quando subo às Pirâmides do Egito
Embalde aos quatro céus chorando grito:
   "Abriga-me, Senhor!..."

Como o profeta em cinza a fronte envolve,
Velo a cabeça no areal que volve
   O siroco feroz...
Quando eu passo no Saara amortalhada...
Ai! dizem: "Lá vai África embuçada
   No seu branco albornoz..."

Nem veem que o deserto é meu sudário,
Que o silêncio campeia solitário
   Por sobre o peito meu.
Lá no solo onde o cardo apenas medra
Boceja a Esfinge colossal de pedra
   Fitando o morno céu.

De Tebas nas colunas derrocadas
As cegonhas espiam debruçadas
   O horizonte sem fim...
Onde branqueja a caravana errante,
E o camelo monótono, arquejante
   Que desce de Efraim...

....

Não basta inda de dor, ó Deus terrível?!
É, pois, teu peito eterno, inexaurível
   De vingança e rancor?...
E que é que fiz, Senhor? que torvo crime
Eu cometi jamais que assim me oprime
   Teu gládio vingador?!...

....

Foi depois do *dilúvio*... Um viandante,
Negro, sombrio, pálido, arquejante,
   Descia do Arará...
E eu disse ao peregrino fulminado:
"Cão!... serás meu esposo bem-amado...
   – serei tua Eloá..."

Desde este dia o vento da desgraça
Por meus cabelos ululando passa
   O anátema cruel.

As tribos erram do areal nas vagas,
E o *Nômada* faminto corta as plagas
   No rápido corcel.

Vi a ciência desertar do Egito...
Vi meu povo seguir – Judeu maldito –
   Trilho de perdição.
Depois vi minha prole desgraçada
Pelas garras d'Europa – arrebatada –
   Amestrado falcão!...

Cristo! embalde morreste sobre um monte...
Teu sangue não lavou de minha fronte
   A mancha original.
Ainda hoje são, por fado adverso,
Meus filhos – alimária do universo,
   Eu – pasto universal...

Hoje em meu sangue a América se nutre
– Condor que transformara-se em abutre,
   Ave da escravidão,
Ela juntou-se às mais... irmã traidora
Qual de José os vis irmãos outrora
   Venderam seu irmão.

....

Basta, Senhor! De teu potente braço
Role através dos astros e do espaço
   Perdão p'ra os crimes meus!...
Há dois mil anos... eu soluço um grito...
Escuta o brado meu lá no infinito,
   Meu Deus! Senhor, meu Deus!!...

SAUDAÇÃO A PALMARES

Nos altos cerros erguido
Ninho d'águias atrevido,
Salve! – País do bandido!
Salve! – Pátria do jaguar!
Verde serra onde os palmares
– Como indianos cocares –
No azul dos colúmbios ares
Desfraldam-se em mole arfar!...

Salve! Região dos valentes
Onde os ecos estridentes
Mandam aos plainos trementes
Os gritos do caçador!
E ao longe os latidos soam...
E as trompas da caça atroam...
E os corvos negros revoam
Sobre o campo abrasador!...

Palmares! a ti meu grito!
A ti, barca de granito,
Que no soçobro infinito
Abriste a vela ao trovão.
E provocaste a rajada,
Solta a flâmula agitada
Aos uivos da marujada
Nas ondas da escravidão!

De bravos soberbo estádio,
Das liberdades paládio,
Pegaste o punho do gládio,
E olhaste rindo p'ra o val:
"Descei de cada horizonte...

Senhores! Eis-me de fronte!"
E riste... O riso de um monte!
E a ironia... de um chacal!...

Cantem Eunucos devassos
Dos reis os marmóreos paços;
E beijem os férreos laços,
Que não ousam sacudir...
Eu canto a beleza tua,
Caçadora seminua!...
Em cuja perna flutua
Ruiva a pele de um tapir.

Crioula! o teu seio escuro
Nunca deste ao beijo impuro!
Luzidio, firme, duro,
Guardaste p'ra um nobre amor.
Negra Diana selvagem,
Que escutas sob a ramagem
As vozes – que traz a aragem
Do teu rijo caçador!...

Salve, Amazona guerreira,
Que nas rochas da clareira,
– Aos urros da cachoeira –
Sabes bater e lutar...
Salve! – nos cerros erguido –
Ninho, onde em sono atrevido,
Dorme o condor... e o bandido!...
A liberdade... e o jaguar!

ADEUS, MEU CANTO

Adeus, meu canto! É a hora da partida...
O oceano do povo s'encapela.
Filho da tempestade, irmão do raio,
Lança teu grito ao vento da procela.

O inverno envolto em mantos de geada
Cresta a rosa de amor que além se erguera...
Ave de arribação, voa, anuncia
Da liberdade a santa primavera.

É preciso partir, aos horizontes
Mandar o grito errante da vedeta.
Ergue-te, ó luz! – estrela para o povo,
– Para os tiranos – lúgubre cometa.

Adeus, meu canto! Na revolta praça
Ruge o clarim tremendo da batalha.
Águia – talvez as asas te espedacem,
Bandeira – talvez rasgue-te a metralha.

Mas não importa a ti, que no banquete
O manto sibarita não trajaste –,
Que se louros não tens na altiva fronte
Também da orgia a coroa renegaste.

A ti que herdeiro duma raça livre
Tomaste o velho arnês e a cota d'armas;
E no ginete que escarvava os vales
A corneta esperaste dos alarmas.

É tempo agora p'ra quem sonha a glória
E a luta... e a luta, essa fatal fornalha,
Onde referve o bronze das estátuas,
Que a mão dos séc'los no futuro talha...

Parte, pois, solta livre aos quatro ventos
A alma cheia das crenças do poeta!...
Ergue-te ó luz! – estrela para o povo,
Para os tiranos – lúgubre cometa.

Há muita virgem que ao prostíbulo impuro
A mão do algoz arrasta pela trança;
Muita cabeça d'ancião curvada,
Muito riso afogado de criança.

Dirás à virgem: – Minha irmã, espera:
Eu vejo ao longe a pomba do futuro.
– Meu pai, dirás ao velho, dá-me o fardo
Que atropela-te o passo mal seguro...

A cada berço levarás a crença.
A cada campo levarás o pranto.
Nos berços nus, nas sepulturas rasas,
– Irmão do pobre – viverás, meu canto.

E pendido através de dois abismos,
Com os pés na terra e a fronte no infinito,
Traze a bênção de Deus ao cativeiro,
Levanta a Deus do cativeiro o grito!

II

Eu sei que ao longe na praça,
Ferve a onda popular,
Que às vezes é pelourinho,
Mas poucas vezes – altar.
Que zombam do bardo atento,
Curvo aos murmúrios do vento
Nas florestas do existir,
Que babam fel e ironia.

Sobre o ovo da utopia
Que guarda a ave do porvir.

Eu sei que o ódio, o egoísmo,
A hipocrisia, a ambição,
Almas escuras de grutas,
Onde não desce um clarão,
Peitos surdos às conquistas,
Olhos fechados às vistas,
Vistas fechadas à luz,
Do poeta solitário
Lançam pedras ao calvário,
Lançam blasfêmias à cruz.

Eu sei que a raça impudente
Do escriba, do fariseu,
Que ao Cristo eleva o patíbulo,
A fogueira a Galileu,
É o fumo da chama vasta,
Sombra – que os séculos arrasta,
Negra, torcida, a seus pés;
Tronco enraizado no inferno,
Que se arqueia escuro, eterno,
Das idades através.

E eles dizem, reclinados
Nos festins de Baltasar:
"Que importuno é esse que canta
Lá no Eufrate a soluçar?
Prende aos ramos do salgueiro
A lira do cativeiro,
Profeta da maldição,
Ou cingindo a augusta fronte
Com as rosas d'Anacreonte
Canta o amor e a criação..."

Sim! cantar o campo, as selvas,
As tardes, a sombra, a luz;
Soltar su'alma com o bando
Das borboletas azuis;
Ouvir o Vento que geme,
Sentir a folha que treme,
Como um seio que pulou,
Das matas entre os desvios,
Passar nos antros bravios
Por onde o jaguar passou;

É belo... E já quantas vezes
Não saudei a terra – o céu,
E o Universo – Bíblia imensa
Que Deus no espaço escreveu?!
Que vezes nas cordilheiras,
Ao canto das cachoeiras,
Eu lancei minha Canção,
Escutando as ventanias
Vagas, tristes profecias
Gemerem na escuridão?!...

Já também amei as flores,
As mulheres, o arrebol,
E o sino que chora triste,
Ao morno calor do sol.
Ouvi saudoso a viola,
Que ao sertanejo consola,
Junto à fogueira do lar,
Amei a linda serrana,
Cantando a mole *tirana*,
Pelas noites de luar!

Da infância o tempo fugindo
Tudo mudou-se em redor.
Um dia passa em minh'alma

Das cidades o rumor.
Soa a ideia, soa o malho,
O ciclope do trabalho
Prepara o raio do sol.
Tem o povo – mar violento –
Por armas o pensamento,
A verdade por farol.

E o homem, vaga que nasce
No oceano popular,
Tem que impelir os espíritos,
Tem uma plaga a buscar
Oh! maldição ao poeta
Que foge – falso profeta –
Nos dias de provação!
Que mistura o tosco iambo
Com o tírio ditirambo
Nos poemas d'aflição!...

"Trabalhar!" brada na sombra
A voz imensa, de Deus –
"Braços! voltai-vos p'ra terra,
Frontes voltai-vos pr'os céus!"
Poeta, sábio, selvagem,
Vós sois a santa equipagem
Da nau da civilização!
Marinheiro, – sobe aos mastros,
Piloto, – estuda nos astros,
Gajeiro, – olha a cerração!"

Uivava a negra tormenta
Na enxárcia, nos mastaréus.
Uivavam nos tombadilhos,
Gritos insontes de réus.
Vi a equipagem medrosa
Da morte à vaga horrorosa

Seu próprio irmão sacudir.
E bradei: – "Meu canto, voa,
Terra ao longe! terra à proa!...
Veio a terra do porvir!..."

III

Companheiro da noite maldormida,
Que a mocidade vela sonhadora,
Primeira folha d'árvore da vida,
Estrela que anuncia a luz da aurora,
Da harpa do meu amor nota perdida,
Orvalho que do seio se evapora,
É tempo de partir... Voa, meu canto, –
Que tantas vezes orvalhei de pranto.

Tu foste a estrela vésper que alumia
Aos pastores d'Arcádia nos fraguedos!
Ave que no meu peito se aquecia
Ao murmúrio talvez dos meus segredos.
Mas hoje que sinistra ventania
Muge nas selvas, ruge nos rochedos,
Condor sem rumo, errante, que esvoaça,
Deixo-te entregue ao vento da desgraça.

Quero-te assim; na terra o teu fadário
É ser o irmão do escravo que trabalha,
É chorar junto à cruz do seu calvário,
É bramir do senhor na bacanália...
Se – vivo – seguirás o itinerário,
Mas, se – morto – rolares na mortalha,
Terás, selvagem filho da floresta,
Nos raios e trovões hinos de festas.

Quando a piedosa, errante caravana,
Se perde nos desertos, peregrina,
Buscando na cidade muçulmana,
Do sepulcro de Deus a vasta ruína,
Olha o sol que se esconde na savana,
Pensa em Jerusalém, sempre divina,
Morre feliz, deixando sobre a estrada
O marco miliário duma ossada.

Assim, quando essa turba horripilante,
Hipócrita sem fé, bacante impura,
Possa curvar-te a fronte de gigante,
Possa quebrar-te as malhas da armadura,
Tu deixarás na liça o férreo guante
Que há de colher a geração futura...
Mas, não... crê no porvir, no mocidade,
Sol brilhante do céu da liberdade.

Canta, filho da luz da zona ardente,
Destes cerros soberbos, altanados!
Emboca a tuba lúgubre, estridente,
Em que aprendeste a rebramir teus brados.
Levanta das orgias – o presente,
Levanta dos sepulcros – o passado,
Voz de ferro! desperta as almas grandes
Do sul ao norte... do oceano aos Andes!!...

A TARDE

Era a hora em que a tarde se debruça
Lá da crista das serras mais remotas...
E d'araponga o canto, que soluça,
Acorda os ecos nas sombrias grotas;
Quando sobre a lagoa, que s'embuça,
Passa o bando selvagem das gaivotas...
E a onça sobre as lapas salta urrando,
Da cordilheira os visos abalando.

Era a hora em que os cardos rumorejam
Como um abrir de bocas inspiradas,
E os angicos as comas espanejam
Pelos dedos das auras perfumadas...
A hora em que as gardênias, que se beijam,
São tímidas, medrosas desposadas;
E a pedra... a flor... as selvas... os condores
Gaguejam... falam... cantam seus amores!

Hora meiga da Tarde! Como és bela
Quando surges do azul da zona ardente!
... Tu és do céu a pálida donzela,
Que se banha nas termas do oriente...
Quando é gota do banho cada estrela,
Que te rola da espádua refulgente...
E, – prendendo-te a trança a meia-lua,
Te enrolas em neblinas seminua!...

Eu amo-te, ó mimosa do infinito!
Tu me lembras o tempo em que era infante.
Inda adora-te o peito do precito
No meio do martírio excruciante;
E se não te dá mais da infância o grito

Que menino elevava-te arrogante,
É que agora os martírios foram tantos,
Que mesmo para o riso só tem prantos!...

Mas não m'esqueço nunca dos fraguedos
Onde infante selvagem me guiavas,
E os ninhos do *sofrer* que entre os silvedos
Da embaíba nos ramos me apontavas;
Nem, mais tarde, dos lânguidos segredos
De amor do nenúfar que enamoravas...
E as tranças mulheris da granadilha!...
E os abraços fogosos da baunilha!...

E te amei tanto – cheia de harmonias
A murmurar os cantos da serrana, –
A lustrar o broquel das serranias,
A doirar dos rendeiros a cabana...
E te amei tanto – à flor das águas frias –
Da lagoa agitando a verde cana,
Que sonhava morrer entre os palmares,
Fitando o céu ao tom dos teus cantares!...

Mas hoje, da procela aos estridores,
Sublime, desgrenhada sobre o monte,
Eu quisera fitar-te entre os condores
Das nuvens arruivadas do horizonte...
... Para então, – do relâmpago aos livores,
Que descobrem do espaço a larga fonte, –
Contemplando o infinito..., na floresta
Rolar ao som da funeral orquestra!!!

A QUEIMADA

Meu nobre perdigueiro! vem comigo.
Vamos a sós, meu corajoso amigo,
    Pelos ermos vagar!
Vamos lá dos gerais, que o vento açoita,
Dos verdes capinais n'agreste moita
    A perdiz levantar!...

Mas não!... Pousa a cabeça em meus joelhos...
Aqui, meu cão!... Já de listrões vermelhos
    O céu se iluminou.
Eis súbito da barra do ocidente,
Doudo, rubro, veloz, incandescente,
    O incêndio que acordou!

A floresta rugindo as comas curva...
As asas foscas o gavião recurva,
    Espantado a gritar.
O estampido estupendo das queimadas
Se enrola de quebradas em quebradas,
    Galopando no ar.

E a chama lavra qual jiboia informe,
Que, no espaço vibrando a cauda enorme,
    Ferra os dentes no chão...
Nas rubras roscas estortega as matas...,
Que espadanam o sangue das cascatas
    Do roto coração!...

O incêndio – leão ruivo, ensanguentado,
A juba, a crina atira desgrenhado
    Aos pampeiros dos céus!...
Travou-se o pugilato... e o cedro tomba...
Queimado..., retorcendo na hecatomba
    Os braços para Deus.

A queimada! A queimada é uma fornalha!
A irara – pula; o cascavel – chocalha...
    Raiva, espuma o tapir!
... E às vezes sobre o cume de um rochedo
A corça e o tigre – náufragos do medo –
    Vão trêmulos se unir!

Então passa-se ali um drama augusto...
N'último ramo do pau-d'arco adusto
    O jaguar se abrigou...
Mas rubro é o céu... Recresce o fogo em mares...
E após... tombam as selvas seculares...
    E tudo se acabou!...

CREPÚSCULO SERTANEJO

A tarde morria! Nas águas barrentas
As sombras das margens deitavam-se longas;
Na esguia atalaia das árvores secas
Ouvia-se um triste chorar de arapongas.

A tarde morria! Dos ramos, das lascas,
Das pedras, do líquen, das heras, dos cardos,
As trevas rasteiras com o ventre por terra
Saíam, quais negros, cruéis leopardos.

A tarde morria! Mais funda nas águas
Lavava-se a galha do escuro ingazeiro...
Ao fresco arrepio dos ventos cortantes
Em músico estalo rangia o coqueiro.

Sussurro profundo! Marulho gigante!
Talvez um – silêncio!... Talvez uma – orquestra...
Da folha, do cálix, das asas, do inseto...
Do átomo – à estrela... do verme – à floresta!...

As garças metiam o bico vermelho
Por baixo das asas, – da brisa ao açoite –;
E a terra na vaga de azul do infinito
Cobria a cabeça co'as penas da noite!

Somente por vezes, dos jungles das bordas
Dos golfos enormes, daquela paragem,
Erguia a cabeça surpreso, inquieto,
Coberto de limos – um touro selvagem.

Então as marrecas, em torno boiando,
O voo encurvavam medrosas, à toa...
E o tímido bando pedindo outras praias
Passava gritando por sobre a canoa!...

A CACHOEIRA

Mas súbito da noite no arrepio
Um mugido soturno rompe as trevas...
Titubantes – no álveo do rio –
Tremem as lapas dos titães coevas!...
Que grito é este sepulcral, bravio,
Que espanta as sombras ululantes, sevas?...
É o brado atroador da catadupa
Do penhasco batendo na garupa!...

Quando no lodo fértil das paragens
Onde o Paraguaçu rola profundo,
O vermelho novilho nas pastagens
Come os caniços do torrão fecundo;
Inquieto ele aspira nas bafagens
Da negra suc'ruiuba o cheiro imundo...
Mas já tarde.... silvando o monstro voa...
E o novilho preado os ares troa!

Então doido de dor, sânie babando,
Co'a serpente no dorso parte o touro...
Aos bramidos os vales vão clamando,
Fogem as aves em sentido choro...
Mas súbito ela às águas o arrastando
Contrai-se para o negro sorvedouro...
E enrolando-lhe o corpo quente, exangue,
Quebra-o nas roscas, donde jorra o sangue.

Assim dir-se-ia que a caudal gigante
– Larga sucuruiuba do infinito –
Co'as escamas das ondas coruscante
Ferrara o negro touro de granito!...
Hórrido, insano, triste, lacerante

Sobe do abismo um pavoroso grito...
E medonha a suar a rocha brava
As pontas negras na serpente crava!...

Dilacerado o rio espadanando
Chama as águas da extrema do deserto...
Atropela-se, empina, espuma o bando...
E em massa rui no precipício aberto...
Das grutas nas cavernas estourando
O coro dos trovões travam concerto...
E ao vê-lo as águias tontas, eriçadas
Caem de horror no abismo estateladas...

A cachoeira! Paulo Afonso! O abismo!
A briga colossal dos elementos!
As garras do Centauro em paroxismo
Raspando os flancos dos parcéis sangrentos.
Relutantes da dor do cataclismo
Os braços do gigante suarentos
Aguentando a ranger (espanto! assombro!)
O rio inteiro, que lhe cai do ombro.

Grupo enorme do fero Laocoonte
Viva a Grécia acolá e a luta estranha!...
Do sacerdote o punho e a roxa fronte...
E as serpentes de Tênedos em sanha!...
Por hidra – um rio! Por áugure – um monte!
Por aras de Minerva – uma montanha!
E em torno do pedestal laçados, tredos,
Como filhos – chorando-lhe – os penedos!!!...

O POVO AO PODER

Quando nas praças s'eleva
Do povo a sublime voz...
Um raio ilumina a treva
O Cristo assombra o algoz...
Que o gigante da calçada
Com pé sobre a barricada
Desgrenhado, enorme, e nu,
Em Roma é Catão ou Mário,
É Jesus sobre o Calvário,
É Garibaldi ou Kossuth.

A praça! A praça é do povo
Como o céu é do condor
É o antro onde a liberdade
Cria águias em seu calor.
Senhor!... pois quereis a praça?
Desgraçada a populaça
Só tem a rua de seu...
Ninguém vos rouba os castelos
Tendes palácios tão belos...
Deixai a terra ao Anteu.

Na tortura, na fogueira...
Nas tocas da inquisição
Chiava o ferro na carne
Porém gritava a aflição.
Pois bem... nest'hora poluta
Nós bebemos a cicuta
Sufocados no estertor;
Deixai-nos soltar um grito
Que topando no infinito
Talvez desperte o Senhor.

A palavra! vós roubais-la
Aos lábios da multidão
Dizeis, senhores, à lava
Que não rompa do vulcão.
Mas qu'infâmia! Ai, velha Roma,
Ai, cidade de Vendoma,
Ai, mundos de cem heróis,
Dizei, cidades de pedra,
Onde a liberdade medra
Do porvir aos arrebóis.

Dizei, quando a voz dos Gracos
Tapou a destra da lei?
Onde a toga tribunícia
Foi calcada aos pés do rei?
Fala, soberba Inglaterra,
Do sul ao teu pobre irmão;
Dos teus tribunos que é feito?
Tu guarda-os no largo peito
Não no lodo da prisão.

No entanto em sombras tremendas
Descansa extinta a nação
Fria e treda como o morto.
E vós, que sentis-lhe o pulso
Apenas tremer convulso
Nas extremas contorções...
Não deixais que o filho louco
Grite "oh! Mãe, descansa um pouco
Sobre os nossos corações".

Mas embalde... Que o direito
Não é pasto do punhal.
Nem a patas de cavalos
Se faz um crime legal...
Ah! não há muitos setembros!

Da plebe doem os membros
No chicote do poder,
E o momento é malfadado
Quando o povo ensanguentado
Diz: já não posso sofrer.

Pois bem! Nós que caminhamos
Do futuro para a luz,
Nós que o Calvário escalamos
Levando nos ombros a cruz,
Que do presente no escuro
Só temos fé no futuro
Como alvorada do bem,
Como Laocoonte esmagado
Morreremos coroado
Erguendo os olhos além.

Irmãos da terra da América,
Filhos do solo da cruz,
Erguei as frontes altivas,
Bebei torrentes de luz...
Ai! soberba populaça,
Rebentos da velha raça
Dos nossos velhos Catões,
Lançai um protesto, ó povo,
Protesto que o mundo novo
Manda aos tronos e às nações.

BIOBIBLIOGRAFIA

Ao morrer, em 1871, aos 24 anos de idade, Antônio de Castro Alves tinha publicado apenas um livro, *Espumas flutuantes*. *Os Hinos do Equador*, *Gonzaga* ou *A Revolução de Minas*, *Os escravos* e *Cachoeira de Paulo Afonso*, que completam a sua obra poética, são publicações póstumas.

Nascido na Fazenda Cabeceiras, perto de Curralinho (hoje cidade de Castro Alves), a 14 de março de 1847, já na adolescência revela uma excepcional vocação poética. Como estudante na Faculdade de Direito do Recife, para onde entrou em 1864, começou a projetar-se como uma das expressões mais altas, ousadas e originais do nosso Romantismo, colorindo-o com a sua extraordinária magia verbal e o seu fulgor metafórico e imagístico. Em sua poesia, a efusão lírica do poeta sensual voltado para a celebração das mulheres e das paisagens geminava-se ao estro político e oratório. O abolicionismo, as liberdades cívicas, o republicanismo e outras questões e aspirações sociais e políticas, que agitavam o Segundo Reinado, tiveram em Castro Alves o cantor inflamado e qualificado que, em apóstrofes vertiginosas, expandia a sua capacidade de persuasão e indignação.

Em 1867, Castro Alves deixou o Recife e, em companhia da atriz Eugênia Câmara – por quem se apaixonara e para quem escrevera o drama *Gonzaga* –, voltou à Bahia, onde a peça teve uma acolhida consagradora. No ano seguinte, estava em São Paulo, após uma passagem pelo Rio de Janeiro também juncada de aplausos, inclusive os de José de Alencar. Matriculado na Faculdade de Direito de S. Paulo, e vivendo num clima fervilhante de ideais revolucionárias e fecundantes interrogações estéticas, Castro Alves foi cumulado por novos reconhecimentos e entusiasmos. Tornava-se cada vez mais nítido o seu perfil de poeta público que, pelo caminho das declamações, sabia conquistar aplausos e cativar audiências.

Mas ao lado desses sucessos (como a acolhida triunfal dispensada ao *Gonzaga* quando representado no Teatro de São José), foram surgindo as decepções e vicissitudes que deram aos seus últimos poemas um tom magoado e reflexivo. Sua amante Eugênia Câmara o abandonou.

Durante uma caçada, sua espingarda disparou acidentalmente, atingindo-lhe o pé esquerdo, que seria amputado meses depois, no Rio de Janeiro.

Em 1869, Castro Alves – o "condor ferido" a que aludiu um jornal da época – voltou à Bahia. A tuberculose, que já começava a devastá-lo, obrigou-o a uma temporada no sertão – nesse sertão baiano e brasileiro do qual ele foi o grande e privilegiado cantor, atento às suas cores e rumores. Em 1870, estava em Salvador, para o lançamento das *Espumas flutuantes*. E foi na capital baiana que morreu, na tarde do dia 6 de julho de 1871.

ÍNDICE

Travessia de Castro Alves.. 7

Poemas

O livro e a América.. 15
Hebreia... 18
Quem dá aos pobres empresta a Deus 20
Ahasverus e o gênio 22
Mocidade e morte 24
O fantasma e a canção.. 27
O gondoleiro do amor 30
Pedro Ivo... 32
Boa noite... 40
Hino ao sono... 42
Versos de um viajante 45
A uma estrangeira 46
Ode ao dous de julho 49
As duas ilhas 51
Os anjos da meia-noite 54
O hóspede... 60
Aves de arribação... 63
A meu irmão Guilherme de Castro Alves...................... 67

Ao romper d'alva... 68
Estrofes do solitário 71
O navio negreiro 74
Vozes d'África 83
Saudação a Palmares 87
Adeus, meu canto 89
A tarde 96
A queimada 98
Crepúsculo sertanejo 100
A cachoeira 101
O povo ao poder 103

Biobibliografia 106

LEIA TAMBÉM

MELHORES POEMAS
ÁLVARES DE AZEVEDO
Seleção e prefácio de Antonio Candido

Falecido aos 20 anos de idade, o romântico Álvares de Azevedo deixou entre os contemporâneos a ideia de gênio. Mas os seus poemas falam, com sentimentalismo e um admirável senso de humor, de coisas muito humanas, do amor, da aproximação entre os sexos, dos sonhos e aspirações da mocidade, sentimentos dos jovens de todas as épocas.

MELHORES POEMAS
CECÍLIA MEIRELES
Seleção e prefácio de André Seffrin

Considerada a mais alta personalidade feminina da poesia brasileira e um dos maiores nomes de nossa literatura, em qualquer época, Cecília Meireles deixou uma obra poética intensa e perturbadora, caracterizada pela busca ansiosa de aprender e compreender o mistério da vida.